Christine Chautemps

L'Eutonie

pour un périnée en bonne santé au fil des ans

Adieu aux fuites urinaires !

Éditions Quintessence

De la même auteure :

L'Eutonie, une préparation à la naissance autrement, Édit. Amyris, 2017.

Pour toute demande d'informations :
Site : www.sagesfemmes-eutonie.com

Crédits Photos & illustrations
Couverture : ©Crédit photo © liyavihola/stock.adobe.com
Conception graphique © Aurélie Pello

Groupe éditorial PIKTOS – 355 rue de la Montagne Noire – 31750 Escalquens
contact@piktos.fr
www.editions-quintessence.eu
www.facebook.com/EdQuintessence

ISBN : 978-2-35805-271-9

Sommaire

Préface ... **9**

Remerciements ... **11**

Introduction ... **12**

Chapitre I – L'eutonie au quotidien ... **13**

À l'origine de l'eutonie ... 13

Une approche d'éducation et de prise en charge somatique ... 14

Public concerné par la démarche ... 15

Privilégier la connaissance par l'expérience ... 16

La porte d'entrée du corps ... 17

De la dimension corporelle à celle de l'être ... 17

Lien corps et esprit ... 18

Une approche médicale alternative ... 20

Considérer le rapport entre médecine et santé ... 20

Une rééducation individualisée, posturale et globale ... 22

Une approche unitaire et psychocorporelle, voire anthropologique ... 24

Le tonus en eutonie ... 25

Une respiration plus libre et régénératrice ... 27

Une démarche de conscience ... 29

La démarche et l'obligation du professionnel de santé ... 30

Chapitre II – Les raisons d'être de la rééducation pelvi-périnéale (RPP) ... **33**

Sa prescription et son domaine d'action ... 33

Les différents types de rééducation pelvi-périnéale (RPP) ... 34

Les techniques instrumentales avec l'introduction d'une sonde intravaginale pour de l'électrostimulation et/ou du biofeedback ... 34

Les techniques manuelles ... 35

Les méthodes corporelles ... 35

L'évaluation éducative et curative de ces approches ... 35

Le choix d'une approche locale ou globale ... 36

L'action locale ... 37

L'action globale ... 38

La valeur du testing périnéal ... 38

La pérennité et l'efficacité de ces deux approches 39
Le périnée ou diaphragme périnéal 40
Son anatomie 40
Ses fonctions 42
Ses liens 43
La cohérence de l'ensemble 47
La peau 48
Les tissus souples sous la peau 49
L'os 49

Chapitre III – Genèse et conception de la rééducation pelvi-périnéale (RPP) par l'eutonie 51
Naissance et éthique de la formation 51
La loi d'ensemble en RPP 52
L'analyse scientifique d'une thérapie holistique 53
Favoriser l'intériorité 55
Une position responsable pour favoriser le changement 56
Les enjeux d'une présence à soi 57
La rééducation du post-partum 58
Sa justification dans la période postnatale 58
Les conditions opportunes pour réaliser la RPP 60
Les paramètres en cours 63
La rééducation en dehors du post-partum (PP) 64
Avant la ménopause 64
Le tournant de la ménopause 65
À partir de la ménopause et jusqu'en fin de vie 65

Chapitre IV – Les bases du chemin thérapeutique de la rééducation pelvi-périnéale par l'eutonie 67
Apprendre à poser le cadre pour la patiente 67
Organisation et déroulement du traitement 68
Fondements de la rééducation posturale et fonctionnelle en eutonie 69
Sensations et perceptions 69
La gravité et la verticalité 70
Les appuis 71
Le mouvement 72
L'équilibre de la posture au cours du déplacement 74
Les outils utilisés 75
L'inventaire 75

La passivité corporelle ... 76
Le réflexe de redressement (RDR) ... 78
Le repoussé ... 79
Le toucher et le contact ... 80
Le mouvement avec prolongement ... 81

Chapitre V – La pratique de la rééducation pelvi-périnéale par l'eutonie... 83

Réduire les tensions et les irrégularités toniques ... 83
Les circonstances d'apparition ... 83
La localisation des tensions ... 85
Découvrir le bassin et le périnée ... 88
Équilibrer la posture globale par l'attention ... 94
Bénéficier des appuis pour s'ancrer et s'ériger ... 96
Fluidifier la respiration ... 99
Libérer les pressions pour remédier aux symptômes ... 99
Pratiquer les efforts sans risque ... 100
Exercer la confiance en soi ... 101
Se relier à soi et à l'environnement ... 102
Une pratique de l'économie ... 103

Chapitre VI – La prise en charge des principales pathologies de la sphère uro-gynécologique en eutonie ... 105

Prendre en charge un symptôme ... 105
Le pronostic d'un trouble de la zone pelvi-périnéale ... 106
Les chances et les possibilités de guérison des patientes ... 107
L'accès à une respiration plus libre ... 109
Harmoniser ou régulariser le tonus ... 110
Libérer les diaphragmes ... 112
Libérer l'espace thoracique ... 114
Libérer le cou, la gorge et les mâchoires ... 117
La pesanteur pelvienne ... 117
Les causes et manifestations ... 117
Les propositions d'amélioration ... 118
L'incontinence urinaire d'effort (IUE) ... 122
Les causes et manifestations ... 122
Les propositions d'amélioration ... 122
Le prolapsus ... 127
Les causes et manifestations ... 127
Les propositions d'amélioration ... 128

L'urgenturie ou impériosité mictionnelle liée à l'hyperactivité vésicale 133
Les causes et manifestations 133
Les propositions d'amélioration 133
La dysurie ou altération de la miction 135
Définition et circonstances d'apparition 135
Les propositions d'amélioration 135
Béance vulvaire 136
Définition et circonstances d'apparition 136
Les propositions d'amélioration 136
Les dyspareunies et vulvodynies 138
Définition et circonstances d'apparition 138
Les propositions d'amélioration 138
L'incontinence anale 139
Définition et circonstances d'apparition 139
Les propositions d'amélioration 139

Chapitre VII – L'exploration corporelle de la RPP en eutonie 141
La RPP postnatale 141
La place de la sangle abdominale (SA) dans la RPP 142
L'anatomie et la fonction de la SA 142
La physiologie de la SA 143
Les propositions de renforcement de la SA 143
Les propositions d'amélioration en cas de diastasis 145
Tonifier le corps ? 149
La RPP jusqu'en fin de vie 150
Les propositions concrètes décrites 153

Conclusion 161

Préface

Qu'appelle-t-on « rééducation du périnée » ?

Dans notre société, on a plus l'habitude d'envisager une pathologie - anatomique, physiologique ou psychologique – dans la limite du symptôme, en le résolvant par une réponse mécanique et un protocole bien établi.

Cela peut satisfaire certains professionnels car c'est une approche cartésienne. La richesse des découvertes modernes renforce en effet la tendance à isoler une partie du corps par son investigation clinique (le périnée, la vessie, les reins, etc.).

Une femme qui consulte avec un problème « périnéal » – sensation de pesanteur, fuite urinaire, prolapsus… – n'est pas que sa pathologie. Elle porte en effet sa corporalité mais aussi son histoire présente et passée, y compris celle de sa généalogie. De plus, cette femme est reliée à un environnement familial et professionnel singulier.

J'ai rencontré Christine Chautemps en 1985 dans une maternité à l'occasion d'une de mes formations en eutonie et c'est au moment de ma « retraite professionnelle » qu'elle a pris le relais de mon enseignement.

Depuis, Christine a cherché en permanence à améliorer sa manière de travailler en se formant parallèlement à l'eutonie, à l'haptonomie, aux fleurs de Bach, à l'ostéopathie et à la psychologie. Ainsi, sa manière de travailler prend en compte la relation du périnée avec l'ensemble du corps mais aussi les phantasmes et les peurs à son sujet.

Cette manière globale d'envisager le symptôme permet aux séances d'être adaptées à chaque personne et les exercices choisis correspondent aux besoins et aux priorités du moment présent.

Ce livre vous propose l'expérience de Christine, après quarante années d'exercice professionnel auprès des femmes.

Francine Doucé[1]

1. *Rééducation du périnée, selon l'eutonie de Gerda Alexander*, Éditions Ardhome, 2010.

Remerciements

Merci aux personnes qui ont inspiré la réalisation de ce livre.

Merci à celles qui ont participé à sa relecture, Francine, Marie, Dominique, Mireille et Anne dont la rigueur littéraire a été un profond soutien.

Merci à François, Sophie, Coraline et Laura de leur disponibilité et de leur accompagnement respectif.

Merci à Maria Bellosillo, des éditions Quintessence, avec qui la collaboration a été particulièrement agréable.

Merci à celles et ceux qui contribueront à sa diffusion et à son essaimage parmi les femmes.

Introduction

L'eutonie de Gerda Alexander[2] (GA), dans ses applications à la rééducation du périnée est abordée ici par une approche avant tout éducative et préventive. Cette éducation est loin d'être vaine puisque force est de constater qu'une large méconnaissance subsiste à son sujet, même après la maternité.

Malgré une organisation et des caractéristiques anatomiques distinctes, le périnée est constitutif des deux sexes. Cependant ce livre expose les problématiques surtout féminines dont la causalité est parfois ignorée et imputée plus ou moins exclusivement au périnée. Si vous messieurs, avez la curiosité de démarrer cette lecture, vous y trouverez matière à la même investigation personnelle, sachant que les lois et les moyens de l'équilibre intérieur vous concernent tout autant.

Bien que les femmes qui se sont préparées à l'accouchement aient reçu des informations concernant la situation du périnée, son anatomie, son rôle et sa participation à l'accouchement, elles n'en gardent que des souvenirs partiels, voire confus après l'accouchement. Dans les représentations de la grossesse, la fonctionnalité du périnée est floue et des peurs se cristallisent sur l'épisiotomie.

Que ce soit dans un contexte postnatal ou pas, beaucoup de femmes ne font pas clairement le lien entre la musculature et les fonctions du périnée, notamment celles de la miction urinaire et de l'exonération anale, si ce n'est par l'action de verrouillage lors d'un besoin impérieux. Manifestement, il semble plus confortable à ces femmes d'occulter leur périnée et de l'écarter de leur schéma corporel.

Sa connaissance se heurte probablement à des tabous voire à des blessures du fait de sa contribution à l'acte sexuel, et la sensibilisation reçue pendant la période prénatale est loin de s'inscrire dans la durée.

Pour y remédier, sa découverte à partir du corps perçu et vécu de l'intérieur est une des priorités de cet ouvrage afin que la parenthèse offerte par la rééducation se présente comme une opportunité d'appropriation du périnée, si ce n'est de réconciliation avec une intimité loin d'être familière.

Ici, la vision proposée est celle d'une participation inclusive du périnée dans

2. Gerda Alexander (1908-1994) est la fondatrice de l'eutonie qui permet d'apprendre à vivre avec un tonus harmonieux en toutes circonstances.

l'unité du corps et, à aucun moment nous ne l'envisagerons de façon isolée ou exclusive.

Je vous invite à parcourir cet ouvrage avec un regard neuf et une disponibilité intérieure dénuée de schémas cliniques et méthodologiques. En effet, la prise en charge des troubles de la zone pelvi-périnéale avec l'eutonie remet en question un certain nombre de conceptions traditionnelles et peut, dans un premier temps, déranger des croyances et des certitudes. Contrairement aux idées reçues, le périnée n'est pas la cause des problèmes fonctionnels mais plutôt victime d'un déséquilibre dont l'origine est ailleurs.

Celles et ceux qui se préoccupent d'impliquer le patient dans son traitement afin de l'amener à être acteur de son équilibre et de son bien-être y trouveront des réponses.

Celles et ceux qui sont sceptiques ont leur(s) raison(s) de l'être, et l'expérience de l'eutonie peut leur permettre de modifier leur point de vue sur la définition ainsi que sur les qualités d'un périnée sain. Dans une approche globale comme l'eutonie, il importe que le tonus du périnée soit suffisamment adapté à la situation ou à l'effort en cours et qu'il s'harmonise avec celui de l'ensemble.

En tant que sage-femme, je me suis formée à différentes techniques de rééducation périnéale, notamment instrumentale, manuelle et globale. La rencontre de l'eutonie depuis bientôt trente ans a révolutionné ma pratique professionnelle et m'a convaincue de sa pertinence et de sa justesse. Depuis lors, les patientes n'ont cessé de m'encourager à poursuivre dans cette voie par leur curiosité, leur évolution et leur enthousiasme.

Quant aux sages-femmes et aux kinésithérapeutes qui se forment à l'eutonie, ils (elles) découvrent une approche qui transforme leur pratique et les guide pas à pas vers une autre perspective thérapeutique. Nous verrons ici que pour mieux connaître son périnée, la pratiquante est invitée à observer ses sensations des pieds à la tête, dans la mesure où elles traduisent le fonctionnement de l'ensemble comme de sa plus petite partie.

Mon livre précédent, *L'Eutonie, une préparation à la naissance autrement*, aborde les applications de l'eutonie pour se préparer à la naissance et à la parentalité. Ce second ouvrage s'inscrit dans une continuité, la rééducation périnéale se justifiant souvent après un accouchement, même à distance, à défaut d'avoir été réalisée plus précocement. Il est conçu pour poursuivre la démarche de médiation corporelle dont l'enjeu est non seulement l'efficacité mais aussi la pérennité. En outre, chercher à affiner la conscience de soi-même et à s'ancrer dans un corps vivant, et non plus pensé et instrumentalisé, attire de plus en plus de personnes.

Chapitre I

L'eutonie au quotidien

À l'origine de l'eutonie

Née en Allemagne en 1908, GA (Gerda Alexander) a grandi dans un milieu artistique et s'intéresse à la conscience du corps. Selon elle, l'accord entre musique et rythmique favorise une préparation au mouvement dont chaque nuance influence le jeu du corps. Ce qui la passionne, c'est l'interprétation et la personnalisation du mouvement. Son intention est d'oser sa propre originalité et non de se contenter d'une reproduction, ce qui est peu courant pour l'époque.

Elle ressent à juste titre que l'expression sensible permet d'être créatif et libéré du poids des conditionnements.

Elle insiste sur la nécessité de l'expérience sans laquelle aucun ressenti ne peut se développer. Son approche ne se veut ni intellectuelle ni « normative ». À travers cette prise en compte du corps, elle espère contribuer à libérer les ressources plus ou moins bridées de chacun.

En tant que pédagogue, elle travaille sans relâche à observer quelles sont les difficultés d'expression corporelle de chacun. Par l'eutonie, elle propose à ses élèves des moyens expérimentés et conçus pour faciliter leurs propres mouvements à travers la pratique rythmique. Elle rencontre de fait un public de musiciens, de danseurs, de soignants et de professeurs d'éducation physique et sportive.

C'est en 1957 avec l'aide du professeur Bartussek[3], que GA décide de donner le nom d' « eutonie » à sa recherche, par opposition à dystonie. Elle la définit comme la recherche d'une « tonicité harmonieusement équilibrée et en adaptation constante, en rapport juste avec la situation ou l'action à vivre ».

Ce qui suppose non seulement d'apprendre à sentir son corps, mais aussi de l'unir en un tout cohérent dans son organisation et ses fonctions. En ce sens, GA a sans doute collaboré au mouvement « d'éducation nouvelle » impulsé par

3. Le docteur Bartussek propose à Gerda Alexander d'appeler sa méthode l'eutonie à partir des racines grecques *eu* = bon et *tonos* = tonus. Jusque-là, on parlait de la méthode de relaxation et de mouvement de Madame Alexander.

Henri Wallon dès 1927[4]. Elle invite chacun à développer sa sensibilité personnelle pour s'ouvrir à une autre conscience de lui-même et du bien-vivre ensemble.

Cela suppose de pouvoir favoriser et améliorer l'expression corporelle lorsque celle-ci a été endommagée par une maladie, une infirmité ou une circonstance particulière. GA l'expérimente personnellement puisqu'atteinte d'un problème de santé aigu dans son jeune âge, elle mesure les résultats de la démarche grâce à la récupération de certaines fonctions touchées : « Faire l'économie de mes efforts fut une manière d'améliorer mon état de santé »[5].

Une approche d'éducation et de prise en charge somatique

Aussi simple que cela puisse paraître, l'approche est basée sur l'intérêt porté aux sensations, dans le but de favoriser le respect et la mobilité du corps, mais aussi de préserver sa psychophysiologie et sa vitalité. Elle permet notamment de réaliser les actions quotidiennes d'une façon économique avec le minimum d'énergie nécessaire. Cela ne correspond pas toujours aux apprentissages et aux réflexes de chacun, loin s'en faut !

D'autre part, ce travail peut s'adresser à une partie du corps, même infime, lésée ou atteinte par un traumatisme mécanique ou psychique. Ce peut être le cas des pathologies neurodégénératives ou des séquelles d'une lésion nerveuse.

Quant aux pathologies urinaires et gynécologiques les plus fréquentes, leurs préjudices peuvent être lourdement vécus au point d'avoir des conséquences psychologiques et sociales non négligeables. Certaines femmes ressentent de la honte vis-à-vis de leurs symptômes et préfèrent s'en arranger secrètement plutôt que de consulter.

En période de post-partum, nous voyons des jeunes mamans souffrir de pertes urinaires parce qu'elles n'ont pu évacuer le traumatisme vécu pendant leur accouchement ; ou bien parce qu'elles se sentent démunies et insuffisamment soutenues pour faire face à la nouvelle responsabilité de la parentalité.

À un âge plus avancé, le passage à la ménopause peut aussi provoquer des troubles de ce type par peur des modifications physiologiques et de leurs conséquences sur l'image de soi.

4. Henri Wallon (1879-1962) influence durablement la réforme de l'enseignement après la guerre, notamment grâce à sa présidence du groupe français d'éducation nouvelle et plus tard, de la fédération internationale des syndicats de l'enseignement.

5. *Entretiens de Talloire sur l'eutonie*, avec Gerda Alexander, Éditions Jessie Delage, 2018.

Dans un autre contexte, on sait qu'une femme ayant été victime d'abus sexuel choisit plus ou moins inconsciemment de fermer son bassin et de mettre à distance sa propre intimité, tant que le processus de réparation n'a pas eu lieu.

C'est par le biais de la conscience corporelle et plus précisément à partir d'une réappropriation du corps que nous aborderons ces différentes problématiques.

Ce n'est qu'au cours du siècle dernier que le corps a bénéficié d'un regain d'intérêt et de considération en Europe comme ailleurs. Cette nouvelle sensibilité a donné lieu à toutes sortes de pratiques corporelles, pourtant pas toutes rattachées à celle de la conscience.

L'ambition de GA place clairement l'eutonie au rang des approches holistiques requérant une participation personnelle et une disponibilité à l'instant présent. C'est ce qui lui confère sa puissance et son potentiel transformateur.

Public concerné par la démarche

À la portée de tous, elle est accessible aux biens portants, aux personnes en recherche, aux personnes en difficulté, que la motivation soit préventive, curative ou simplement par curiosité ou par intérêt personnel. Seules certaines pathologies psychiques imposent des limites.

Dans le sillage de l'eutonie et depuis les années 70-80, des pratiques inspirées des arts martiaux comme le Tai Chi[6], le Qi Gong[7], l'Aïkido[8], le Kinomichi[9] de Maître Noro ont fleuri en Occident. Par ailleurs, nombreuses sont les

6. Le tai-chi-chuan en tant qu'art martial interne insiste sur le développement d'une force souple et dynamique appelée *jing*, par opposition à la force physique pure. https://fr.wikipedia.org/wiki/Tai-chi-chuan.

7. Le Qi gong est une gymnastique traditionnelle chinoise et une science de la respiration fondée sur la connaissance et la maîtrise de l'énergie vitale et qui associe mouvements lents, exercices respiratoires et concentration. Le terme signifie littéralement « exercice (gong) relatif au qi », ou « maîtrise de l'énergie vitale ». https://fr.wikipedia.org/wiki/Qi_gong.

8. L'aïkido n'est pas une pratique pour apprendre à se battre mais un art martial qui permet de se préparer, autant physiquement (souplesse, rapidité, musculature), mentalement (rester calme en toutes circonstances) que techniquement (respecter la distance de sécurité, trouver l'ouverture, se placer…)https://fr.wikipedia.org/wiki/Aïkido

9. Le Kinomichi fondé par Maître Masamichi Noro est un budo japonais, littéralement Voie (*do*) qui arrête la lance (*bu*). C'est une discipline qui vise à l'établissement de la paix et à la recherche des conditions de paix. La technique suit ce cheminement pour que les poussées voyagent du sol vers le haut, des pieds vers les mains, de l'appui vers la saisie et au-delà. https://fr.wikipedia.org/wiki/Kinomichi.

personnes qui s'initient à la sophrologie du Dr Alfonso Caycedo[10], au yoga et à l'hypnose sous diverses formes.

Toutes ces démarches apportent sans doute des moyens pour un meilleur ancrage et pour pallier une forme de mal-être ambiant. La « pollution environnementale » en est un des facteurs prédisposants. Quant aux facteurs aggravants, notamment les tumultes de la vie sociale, professionnelle et personnelle, chacun peut en établir sa propre liste en reconnaissant plus ou moins sa responsabilité personnelle.

Pour toutes ces raisons, une proportion croissante d'individus est à l'affût de techniques pour apprendre à s'intérioriser et à s'écouter davantage, afin de s'adapter à un monde qui évolue et lui échappe de plus en plus, faute de le regarder avec suffisamment de sérénité. Il n'y a peut-être jamais eu une telle profusion de méthodes qui favorisent le recentrage.

En sollicitant davantage l'être que le faire, l'eutonie peine à se faire connaître du grand public et sa diffusion, en particulier dans le milieu médical, est loin d'être aussi populaire que celle du yoga, de la sophrologie ou de l'hypnose.

De surcroît, à l'instar de l'homéopathie et de la médecine chinoise, l'impact de certains lobbies de la médecine « symptomatique » constitue certainement un frein. Malgré tout, la démarche holistique prend sa place petit à petit dans les mentalités et les possibilités de l'arsenal thérapeutique.

Aucun prérequis n'est nécessaire pour les personnes que nous accompagnons en eutonie dans le cadre de la rééducation périnéale. Elles y viennent soit en connaissance de cause soit de façon inopinée, et dans un cas comme dans l'autre, les perspectives de progression sont les mêmes. Il suffit qu'elles se motivent et s'impliquent pour qu'elles en bénéficient au-delà d'une seule amélioration des symptômes. Pour certaines personnes, cela occasionne une telle découverte qu'elles en poursuivent la démarche au-delà du temps de la rééducation.

Privilégier la connaissance par l'expérience

Conçue avec une visée pédagogique, l'eutonie va plus loin puisqu'elle engage à se situer en position d'acteur. Plus qu'un savoir-faire, elle propose un savoir-être qui accrédite le potentiel inné et parfois oublié dont chacun dispose.

---

10. Le mot Sophrologie vient du grec : *Sos* signifie tranquille, serein. *Phren* signifie cerveau, conscience. *Logos* signifie parole, étude, science. La Sophrologie est l'étude des techniques permettant d'obtenir la sérénité de l'esprit. http://www.ecole-sophrologie.com/sophrologie.html

Elle n'a rien à voir avec l'assimilation d'un savoir extérieur à reproduire ou à exécuter techniquement mais sous-tend une « co-naissance[11] » intérieure. Albert Einstein l'exprime admirablement par cette affirmation : « La seule source de connaissances est l'expérience ». Celle-ci correspond à une expérience personnelle à l'origine d'une perception singulière et en lien avec le champ des représentations. Autrement dit, ce « travail » ne peut concerner que soi, les sensations étant le reflet du présent et en évolution constante.

Ainsi, une patiente présentant un trouble uro-gynécologique apprend qu'elle peut y remédier elle-même et comment. Grâce à l'accompagnement du professionnel, elle évolue en fonction de son (ses) besoin(s), de sa singularité et de ses possibilités.

À ce jour, les eutonistes sont encore peu nombreux et leur pratique commence à peine à se développer dans le milieu médical. De fait, bien que nécessaires, très peu d'études et d'écrits sont réalisés à son sujet. Voici ce que dit Marcel Gaumont concernant la diffusion très modeste de l'eutonie : « Au lieu de se présenter comme l'héroïne qui détient la solution miraculeuse et instantanée aux maux dont souffre le corps humain, l'eutonie s'avance discrète et propose humblement, à ceux qui ont épuisé les artifices de la guérison et du changement, un cheminement difficile dont ils aimeraient bien pouvoir se passer »[12].

Personnellement, je reconnais dans l'eutonie l'opportunité d'un autre regard sur soi qui peut éveiller une motivation immédiate et durable. C'est ce qui nourrit mon attachement inlassable à la diffusion de cette approche dans le cadre de ma profession de sage-femme et de formatrice diplômée en eutonie.

La porte d'entrée du corps

DE LA DIMENSION CORPORELLE À CELLE DE L'ÊTRE

Lorsque nous parlons du corps, c'est souvent comme d'un outil ordinaire, sans lui accorder ni plus ni moins d'intérêt que s'il fonctionnait sans nous. Habitués très jeunes à l'éprouver avec plus ou moins de facilité et de plaisir, nous n'y accordons la plupart du temps qu'une attention très relative.

Mis à part la nécessité d'en prendre soin du fait de certaines contraintes naturelles, le nourrir, le vêtir, l'entretenir un minimum et le protéger, il y a longtemps qu'il est déserté par la conscience chez beaucoup. D'autant plus qu'il

11. Au sens de naître avec, voire renaître avec pour mieux se connaître.

12. Marcel Gaumont, *Du corps à l'âme. Eutonie et psychologie analytique*, Éditions Le Loup de Gouttière, 1996.

fonctionne quasiment en autonomie et qu'il se rappelle à nous uniquement dans certaines circonstances, généralement lors de difficultés ou de douleurs.

Historiquement, rappelons qu'il a souffert d'un discrédit pour des raisons essentiellement morales, établies par certains dogmes philosophiques et religieux. Pourtant, dans une lettre adressée aux contempteurs du corps, Nietzsche écrit : « Ton corps est ta grande raison ».

Sa réhabilitation ne s'installe pas du jour au lendemain et lui redonner ses lettres de noblesse passe par une connexion à soi que favorise précisément l'eutonie.

Effectivement, la démarche permet de rencontrer le corps tel qu'il est, ou tout du moins tel qu'il est vécu ou ressenti, en fonction de la sensibilité voire de la réceptivité sensorielle de chacun. Il est en effet remarquable que les sensations découlent de la façon d'être à chaque instant.

Il s'agit en fin de compte de se débarrasser de ses propres blocages et cuirasses[13]. Le cheminement de l'eutonie y contribue, comme si couche après couche, ce travail favorisait la libération des rigidités qui desservent et enferment.

Enfin, on ne peut dissocier le vécu somatique du vécu psychique. C'est pourquoi l'investigation des sensations conduit naturellement vers une opportunité de développement personnel, voire spirituel pour ceux qui aspirent à cette dimension.

LIEN CORPS ET ESPRIT

En occident, l'héritage philosophique dualiste soutenu par René Descartes a permis une lente et progressive évolution quant à la place et à la fonction des deux entités distinctes que sont le corps et l'esprit.

Malgré la possibilité d'une interaction causale entre soma et psyché, l'assimilation du cerveau à l'intellect et au mental a renforcé la séparation entre vie spirituelle et vie matérielle. Pourtant, Spinoza dès le XVIIe siècle a tranché en affirmant que le corps et l'esprit relèvent en réalité d'un seul et même principe et qu'ils sont unis par la conscience[14].

À cet égard, notons que le mot « spiritualité » vient d'un verbe latin « *spirare* », « souffler », ou d'un nom, « *spiritus* », « le souffle », abstraitement considérée comme relative à « l'esprit ». D'où l'impossible dissociation entre la respiration substantielle et la respiration « spirituelle ».

13. La cuirasse musculaire est un concept de Wilhelm et Reich, repris par Marie Lise Labonté avec la « méthode de libération des cuirasses » ou MLC qui vise une sorte de « psychanalyse corporelle ».

14. Bernard Pautrat, *l'Éthique* partie II de Baruch Spinoza (traduction), Éditions Seuil, collection « Point essais », 1988.

Ce n'est qu'au cours du xxe siècle et sous l'influence de la biologie et des sciences humaines que l'unité corps physique/corps psychique[15] s'est imposée. Cette vision confirme un certain bon sens et nombre de formulations populaires en témoignent : « j'en ai plein le dos », « je me sens mal dans ma peau », « j'ai le ventre noué », etc.

Citons Alexander Lowen, psychothérapeute et disciple de Wilhelm Reich : « Le processus énergétique du corps détermine ce qui se passe dans l'esprit tout comme il détermine ce qui se passe dans le corps »[16].

Qu'en pensait GA[17] elle-même ? : « [...] Il est devenu banal de dire qu'il n'y a pas partage entre corps et esprit. Mais si le corps est aussi esprit, s'il recèle les traces du conscient et de l'inconscient individuel et collectif, il doit pouvoir exprimer à travers les richesses infinies de sa constitution et de son développement, la totalité de chaque personne unique, en même temps que tout le passé de l'humanité et toutes les potentialités du devenir de l'espèce qu'il porte en lui ». Elle souligne bel et bien qu'une meilleure connaissance de soi couplée d'une intention éclairée favorise la possibilité de modifier ce qui est.

Plus récemment, les recherches en neurosciences ont redécouvert ce que la médecine traditionnelle chinoise savait déjà à propos de la connexion des deux cerveaux, central et abdominal, et arrivent à proposer un diagnostic médical par l'analyse des tissus nerveux entériques. Une équipe américaine apporte cette information : « [...] Il y a une autre similitude plus prometteuse encore pour la médecine, entre les cellules du système nerveux entérique et celles du système nerveux central, c'est que les neurones du système nerveux entérique (SNE) produisent les mêmes molécules, les neurotransmetteurs, que le cerveau d'en haut. L'exemple le plus spectaculaire est celui de la sérotonine, un neurotransmetteur qui influence les états d'âme et entraîne la bonne humeur, qui est produit à 95 % par les cellules nerveuses de l'intestin[18] ».

La célèbre citation de l'auteur et médecin François Rabelais « [...] Science sans conscience n'est que ruine de l'âme » invitait ses pairs à conjuguer investigation scientifique et considération éthique. Malgré les siècles d'évolution, cette sagesse n'en reste pas moins d'actualité pour encadrer la recherche concernant la circulation des informations entre le corps et l'esprit.

---

15. Le corps psychique est considéré comme celui qui « régit nos sentiments, nos sensations, nos comportements, nos humeurs », cf. https://fr.wikipédia.org.

16. Alexander Lowen, *La Bio-Energie*, Éditions Tchou-Laffont, 1976, traduction de Bioenergetics 1975.

17. Gerda Alexander, *L'Eutonie, Un chemin de développement personnel par le corps*, Éditions Tchou, 1996.

18. Étude de chercheurs de l'University College de Cork (Irlande) et publiée dans Molecular Psychiatry. https://www.futura-sciences.com/sante/actualites/biologie-bacteries-intestinales-regulent-taux-hormone-humeur-39420/

UNE APPROCHE MÉDICALE ALTERNATIVE

Selon Claude Bernard, fondateur de la médecine expérimentale, « tout raisonnement scientifique doit s'appuyer sur une succession de trois phases comprenant l'observation d'un fait, l'émission d'une hypothèse et enfin l'expérience permettant de confirmer ou d'infirmer cette hypothèse[19] ».

Il semblerait que la recherche de GA par rapport à l'eutonie repose sur les mêmes fondements, à savoir une expérimentation d'abord personnelle, puis une étude empirique appliquée à d'autres personnes, pour arriver enfin à des lois communes à l'organisation corporelle.

Comme par la thérapie dite « quantique », GA perçoit que le corps humain se structure et s'organise en fonction d'informations plus ou moins conscientisées qui peuvent influencer son propre fonctionnement. À l'instar d'autres thérapies non conventionnelles, sa pratique sous-tend que le corps est à la fois responsable et porteur des informations de la maladie comme de la guérison. Au-delà de toute polémique possible sur les enjeux d'une telle hypothèse, mon propos est plutôt de considérer ici sa pertinence et son potentiel possible.

Effectivement, l'objectif de l'eutonie dans le domaine de la rééducation est que la patiente découvre un « sens corporel » ainsi qu'une voie de résolution à ses symptômes. C'est ce qui rend l'eutonie très attractive dans le domaine de la santé et du bien-être, car elle ouvre des portes d'accès à soi-même et au rétablissement de la physiologie.

Dixit GA : « Sentir et observer sont deux voies qui doivent en permanence interférer dialectiquement. Pour changer de regard sur soi, sur les autres et sur les choses, il faut retrouver cette faculté de pouvoir simultanément sentir son corps, observer et garder la conscience du mouvement »[20].

CONSIDÉRER LE RAPPORT ENTRE MÉDECINE ET SANTÉ

Qu'est-ce que la santé au regard de l'Organisation Mondiale de la Santé ? « La santé est un état de complet bien-être physique, mental et social et ne consiste pas seulement en une absence de maladie ou d'infirmité ». Pour Pierre Fabre, célèbre pharmacien et botaniste : « Quel que soit notre âge, quelle que soit notre condition physique ou psychique, la santé est un tout ; elle inclut l'harmonie et l'image que chacun a de lui-même »[21].

Pionnière en son temps, GA s'appuie sur la conviction que l'état de santé repose sur un ensemble de données personnelles et environnementales et pas seulement sur une question uniquement matérialiste et biologique. Ces bases qui sont celles de la santé holistique incitent à prendre soin de

19. https://destinationsante.com/claude-bernard-le-genie-a-la-francaise.html

20. Ouvr. cité note 17.

21. Pierre Fabre, célèbre pharmacien français (1926-2013).

soi à différents niveaux. Si l'on admet la connexion du corps et de l'esprit, pouvons-nous dissocier la santé du corps de celle des émotions et des pensées ? C'est le fondement des approches de « pleine conscience »[22] qui apprennent à canaliser le mental et l'émotionnel pour contribuer à plus de paix et d'harmonie intérieure.

Quant à la médecine classique de fondation dualiste, elle s'appuie sur des investigations et des traitements médicamenteux dont les bases sont scientifiquement prouvées, par une étude clinique et par une validation d'experts et de praticiens. Malgré les preuves de sa compétence, elle n'améliore pas toujours la santé de ses usagers. Force est de constater qu'elle la dégrade parfois malencontreusement, même s'il faut reconnaître que le problème vient davantage des ambitions commerciales de l'industrie pharmaceutique en économie libérale que de la pratique médicale, clinique et thérapeutique, en tant que telles.

Néanmoins, l'approche conventionnelle sait beaucoup mieux soigner les symptômes que guérir leur cause et elle continue de morceler la prise en charge de la santé. Chaque spécialiste s'intéresse à la partie du corps qu'il connaît le mieux tout en laissant à ses confrères le soin des zones voisines.

C'est ainsi que les personnes souffrant de pathologies gynéco-urinaires sont envoyées vers un gynécologue ou un urologue qui les adressera ensuite à un spécialiste de la rééducation uro-gynécologique, généralement une sage-femme ou un kinésithérapeute.

Il est peut-être temps que cesse la guerre entre médecine conventionnelle et médecine alternative pour considérer leur possible complémentarité. Intervenant sur des domaines et des besoins différents, elles pourraient mutualiser leurs bénéfices respectifs et agir ensemble dans l'intérêt du malade.

Intuitivement, une partie croissante de la population s'oriente vers les médecines alternatives et complémentaires (MAC)[23] dans cet objectif. Cette tendance est d'autant plus marquée que la croyance dans le traitement proposé crée un climat favorable à l'amélioration des symptômes, comme le confirme le rôle de l'effet placebo[24]. En tout cas, son processus thérapeutique corrobore absolument le principe directeur de la médecine : « Primum non nocere[25] ».

22. La méditation de Pleine Conscience ou *Mindfulness* tire ses origines de la tradition bouddhiste. Les travaux de Jon Kabat-Zinn de l'Université du Massachusetts (États-Unis), vers la fin des années 1990, ont été influents pour promouvoir son intégration à différentes formes de psychothérapie.

23. Les MAC regroupent l'homéopathie, l'acupuncture, la mésothérapie et l'ostéopathie, selon l'OMS ou organisation mondiale de la santé.

24. Alain Autret, *Les effets Placebo, des relations entre croyances et médecines*, l'Harmattan, 2013.

25. *Primum non nocere* est une locution latine qui signifie : D'abord ne pas nuire.

UNE RÉÉDUCATION INDIVIDUALISÉE, POSTURALE ET GLOBALE

Comme nous le vérifions par la pratique de l'eutonie, ce n'est en général pas le périnée en lui-même qui est défectueux. Il s'avère en effet au fil du cheminement thérapeutique que le problème vient de l'environnement auquel le périnée est relié et assujetti. Autrement dit, c'est plutôt à ses interactions avec l'ensemble que nous nous intéressons et avant tout à l'équilibre postural propre à chacun.

Communément, la posture correspond à la position du corps et elle est relative à une circonstance et à un moment donné. L'expérience de l'eutonie incite à laisser le corps chercher une posture plus favorable à la réduction d'un trouble.

Posture inadaptée

Posture adaptée

Une approche globale est basée sur l'appréhension anatomique et physiologique du corps. Elle introduit l'existence de la proprioception, de centres nerveux, de chaînes musculaires et de fascias[26]. Elle est inhérente au principe unitaire de l'ensemble au sein duquel tout est relié et indissociable. Autrement dit, de chaque zone corporelle dépend l'intégrité et l'équilibre de l'organisme, et inversement.

Une chaîne musculaire est constituée par un assemblage de tissus musculaires et conjonctifs. Ceux-ci ont la particularité de se plier aux contraintes de leur environnement et ont tendance à se déformer, voire à se raccourcir pour des raisons de tensions physiques et végétatives (du système nerveux

26. Les fascias ont une certaine influence sur la dynamique musculaire et entourent, relient et soutiennent toutes les autres structures anatomiques.

végétatif). Physiologiquement, le corps se sert de ces connexions pour faciliter et entretenir ses possibilités statiques, dynamiques et régulatrices.

La connaissance des fascias se dévoile petit à petit et nous apprend l'importance de ces tissus qui enveloppent et relient tous les constituants du corps : muscles, ligaments, tendons, os, vaisseaux, nerfs et organes. Il apparaît donc indispensable de les solliciter de façon adéquate et régulière de façon à les maintenir dans un état fonctionnel de mobilité, d'élasticité et de solidité.

C'est ce qui permet de concevoir à quel point rééduquer le périnée ne peut s'envisager sans prendre en compte l'ensemble.

Au fond, la finalité d'une rééducation globale consiste à s'approprier sa propre structure biomécanique afin d'en optimiser le fonctionnement. Pour y parvenir, il n'existe certainement pas une méthode qui fonctionne à l'identique pour tous et qui apporte les mêmes résultats à tous. Cependant, les lois fonctionnelles d'équilibration étant les mêmes pour tous, certains kinésithérapeutes ne travaillent quasiment qu'avec les chaînes[27], d'autres professionnels qu'avec les fascias.

En fait, un ensemble de paramètres pourrait déterminer quelle rééducation périnéale serait la plus appropriée pour telle ou telle patiente. En réalité, elle en a rarement le choix puisque c'est le professionnel vers qui elle se dirige qui en a l'initiative.

En eutonie, nous prenons en compte les paramètres individuels et nous agissons sur l'équilibre physiologique pour une amélioration des fonctions. Cela entraîne non seulement une réorganisation posturale mais aussi un remaniement des blocages identifiés.

Cette investigation corporelle impacte l'homéostasie[28] propre à chacun grâce à la régulation du système nerveux végétatif ou autonome (SNA)[29] qui entretient la circulation des fluides, ainsi que la régulation respiratoire, digestive, métabolique, hormonale et immunitaire. Le SNA agit notamment sur la vessie, l'utérus, l'intestin, les vaisseaux et bien d'autres organes.

Nous verrons que le mécanisme respiratoire est un facteur physiologique essentiel et que ses perturbations affectent l'équilibre mécanique, particulièrement celui du bassin.

---

27. La méthode Mézières a été précurseur. Les chaînes Busquet et G.D.S., du nom de sa créatrice, Mme Godelieve Denys-Struyf se sont fait connaître ensuite.

28. Initialement défini par Claude Bernard, le terme homéostasie provient du grec *hómoios*, « similaire », et *stásis*, « stabilité, action de se tenir debout ». Selon Bradford Cannon, inventeur du concept, elle regroupe « *l'ensemble des processus régulateurs hormonaux et vitaux* ».

29. Le SNA comprend 3 fonctions complémentaires qui sont le système sympathique, activateur d'énergie, le parasympathique qui agit sur la restauration en animant les fonctions métaboliques et le système entérique, étroitement relié aux 2 précédentes et comprenant le tractus gastro-intestinal.

Enfin je souhaite rappeler, comme le souligne Karlfried Graf Dürckheim, que mettre son corps dans une posture juste aide l'esprit à s'aligner dans la même position[30].

Une approche unitaire et psychocorporelle, voire anthropologique

Quel que soit le domaine d'application, l'eutonie répond à toute personne qui souhaite repousser ses limites, autrement dit, se libérer de cristallisations intérieures à l'origine de restrictions. Le mouvement étant une des aptitudes majeures de notre constitution musculo-squelettique, il y a toujours possibilité de faire évoluer un mécanisme dissocié en le reliant davantage à l'ensemble.

Malgré une apparence assez semblable, aucun corps ne ressemble à aucun autre. C'est un constat morphologique mais aussi biologique puisque la mémoire de toute une histoire tant somatique que psychique y est inscrite par les empreintes personnelles et transgénérationnelles.

En témoigne le nombre d'auteurs qui, depuis l'avènement de la « médecine nouvelle » par le Dr Hamer[31], s'intéressent à l'histoire et au sens de la maladie, poursuivant inlassablement leurs recherches à ce sujet.

Un autre point de vue, que l'on doit à Ernst Haeckel suggère que « l'ontogénèse récapitule la phylogénèse »[32]. C'est dire à quel point la prise en compte de ce qui se passe en soi peut articuler chaque histoire à celle de ses ancêtres ainsi qu'à celle de ses descendants.

À la lumière de ces constats, de nombreux médecins et psychothérapeutes constatent que le corps recèle un potentiel inimaginable qui dépasse les frontières du connu. Les cas de récupération et de guérison les plus inattendues le confirment.

Notre corps serait donc un allié susceptible de nous guider vers qui l'on est pour un ensemble de desseins :

- Surprendre ses automatismes et ses conditionnements
- Rappeler que nous prenons parfois des risques en l'ignorant et en lui manquant de respect

30. Karlfried Graf Dürckheim, *Hara Centre vital de l'homme*, Éditions le courrier du livre, 1994.

31. Le Dr Ryke Geerd Hamer a inauguré un nouveau paradigme en étudiant l'influence de la psyché sur le soma.

32. Ernst Haeckel, *Generelle Morphologie der Organismen*, Berlin, G. Reimer, 1866.

- S'initier à une forme de connaissance et de présence intérieures
- S'habituer à mieux se côtoyer au quotidien
- Réveiller ses zones anesthésiées
- S'intéresser à ses maux les plus mineurs comme aux plus délétères
- Révéler ses conflits et ses fragilités
- Apprendre à reconnaître ses sources de pressions
- S'ouvrir à son environnement
- Se tourner vers une partie essentielle de son humanité.

Ce sont les raisons pour lesquelles nous utilisons de préférence le terme d' « expérience » plutôt que celui d' « exercice » pour souligner à quel point chaque exploration est singulière. Dans le fond, le corps serait une sorte de « carte mémoire », porteuse de l'antériorité, du présent ainsi que des germes du futur. D'où sa précieuse position de témoin.

Finalement, le travail de l'eutonie agit sur l'ensemble des processus conscients et inconscients de notre identité, ainsi que sur nos facultés de plasticité cérébrale. Il cautionne le célèbre précepte trouvé à l'entrée du temple de Delphes : « Connais-toi toi-même et tu connaîtras l'univers et les dieux ».

Citons aussi Maurice Merleau-Ponty qui considère le corps comme un assemblage de connexions et de perceptions sensibles qui structure le réel et assure une cohérence d'ensemble : « Un système de systèmes voué à l'inspection d'un monde »[33].

Le tonus en eutonie

Avant d'aller plus loin, précisons ce qu'est le tonus de GA dont la vision diffère de celle de la neurophysiologie. Le terme eutonie vient du grec *eus* ou « ce qui est bon, juste, harmonieux » et *tonos* ou « tension, tonus, corde ». En eutonie, le tonus se rapporte à l'état de tension juste et « en adaptation constante », intermédiaire entre l'hypertonie et l'hypotonie. Il est donc possible d'apprendre à le baisser ou à le monter, autrement dit à le modifier en conscience sachant que naturellement, il augmente dans l'activité et diminue au repos.

Autrement dit, le tonus correspond à la qualité tissulaire acquise et présente dans l'ensemble du corps à un moment donné. Il traduit notre façon d'être et d'interférer avec l'environnement. Ainsi, nos tensions corporelles, conscientes et inconscientes, reflètent notre état intérieur du moment et agissent sur notre tonus qui, de fait, est sujet à d'amples variations.

33. Maurice Merleau-Ponty, *La prose du monde*, Gallimard, 1969.

Il varie avec l'état de vitalité, avec l'équilibre postural, végétatif et énergétique. Il résulte de l'activité duelle entre la musculature dynamique responsable du mouvement et celle de la musculature profonde nécessaire à la statique. Le tonus est ressenti comme adapté lorsqu'il répond et s'ajuste aux sollicitations du corps sans occasionner de gêne ni d'entrave.

GA envisage la régulation du tonus d'une façon très nuancée et par trois procédés différents[34] :

- l'« égalisation » du tonus pour supprimer les tensions musculaires
- la « normalisation » du tonus pour lui permettre de retrouver une adaptation et une flexibilité harmonieuses
- la « régularisation » du tonus pour libérer certaines crispations isolées et les réintégrer dans l'ensemble.

Ainsi, un simple étirement peut modifier spontanément la qualité du tonus qui s'autorégule entre haut et bas, selon les besoins et l'état du moment. Une zone algique peut être soulagée, sans agir directement sur elle mais en modifiant son tonus à distance.

Contrairement à ce que l'on pourrait croire, se tenir assis et debout nécessite un certain tonus non compatible avec celui de la détente. En effet, le non-mouvement et le relâchement correspondent à deux activités différentes et engagent un tonus différent. L'objectif de l'eutonie est de relâcher les tensions tout en équilibrant le tonus afin qu'il se répartisse plus harmonieusement.

C'est un des points clés de la pédagogie minutieuse de GA, qui guidait ses élèves et ses patients à progresser vers une « dé-tension »[35] pour favoriser une attitude plus adaptée. Cet enjeu est toujours d'actualité, tant l'expression du corps peut être parasitée par toute forme de surcharge.

Une des manifestations de cet excès se rencontre de plus en plus dans les consultations des sages-femmes, en particulier parmi la population de femmes hyperactives et/ou très sportives.

Chez ces patientes, le périnée est loin d'être défaillant au niveau de sa musculature mais paradoxalement dans une incapacité d'adaptation aux efforts ordinaires, ce qui est un comble !

Cette perte fonctionnelle est liée à une crispation inconsciente plus ou moins permanente qui raccourcit les fibres musculaires du périnée et

34. GA, ouvr. cité, note 17.

35. Jean Delabbé, professeur d'eutonie décédé en 2018 a créé le CRREE, Centre Régional de Recherche et d'Étude de l'Eutonie en Bourgogne, *Plaidoyer en faveur des positions de Contrôle*, Les cahiers de l'IDET, n° 6, 1993.

entraîne une restriction de sa mobilité et de sa fonctionnalité. C'est une des raisons pour lesquelles une incontinence urinaire d'effort (IUE) ne peut se résoudre uniquement par un travail de tonification musculaire.

Dans cette situation, il est évident que les tensions sont d'origine mécaniques et végétatives, et qu'elles cohabitent avec un contexte émotionnel et/ou psychique. Ce n'est donc pas en stigmatisant ces fixations qu'un changement est possible, mais plutôt en amenant le corps à remanier son organisation.

Cela dit, une approche intellectuelle et cloisonnée du tonus est en dehors du propos de l'eutonie.

Une respiration plus libre et régénératrice

Bien qu'involontaire par son fonctionnement de base, la respiration et ses manifestations sont coordonnées à l'état d'être du moment. De fait, l'activité physique et cérébrale entre en jeu dans l'ajustement de la respiration. Ce constat est une des particularités de l'eutonie puisqu'au lieu d'agir sur la respiration, il s'agit de laisser le corps intervenir sur elle par le biais du tonus.

Pour plus de précisions et de nuances, nous pouvons entrevoir la respiration sous trois angles différents. Soit elle circule spontanément et sans conscience et elle est l'expression plus ou moins fluide de notre présent ; soit une attention délicate est portée sur son mécanisme inhérent à l'état de l'organisme ; soit elle est volontairement guidée.

Dans la troisième situation, comme le souligne GA, la commande cérébrale qui en est à l'origine coupe la respiration de son flux naturel et alimente un tonus qui n'est peut-être pas adapté au vécu du moment. Selon elle : « C'est peut-être par la respiration que l'unité psychosomatique de la personnalité est le plus immédiatement reconnaissable et influençable[36] ».

Dans la mesure où nous sommes tous plus ou moins tributaires de notre cerveau gauche qui contrôle, il est intéressant en amont de prêter attention à la respiration, en se situant en position de témoin pour rejoindre la deuxième possibilité. Ainsi, une forme de méditation peut être basée sur l'observation de son va-et-vient, dans le but d'exercer une forme de concentration. C'est alors un biais qui influe sur l'état intérieur et permet une forme de stabilité et de sérénité. Cette position d'accueil est aussi une façon d'accéder à davantage d'unité, en faveur d'une harmonisation du tonus.

36. Gerda Alexander, *Le corps retrouvé par l'Eutonie*, Éditions Tchou, 1977.

D'ailleurs, c'est à partir de cette proposition active que la technique de la cohérence cardiaque s'est développée à l'aide de courtes séquences rythmant l'activité inspiratoire et expiratoire[37]. Il s'agit d'apprendre à se servir de la respiration comme d'un garde-fou à tout emballement automatique et inconscient, qui ne fait qu'alimenter un fond de stress.

Jusqu'à maintenant, la respiration a été explorée de maintes façons face à la douleur des contractions utérines (CU) de l'accouchement. Avec l'eutonie, nous considérons ce type de respiration, basée sur la présence à soi, comme une des aides majeures dont bénéficie une parturiente. L'enjeu est d'éviter une stimulation corticale incompatible avec le lâcher-prise tout en favorisant une activité hormonale bénéfique au travail des CU (ocytocine, endorphine, dopamine, sérotonine)[38].

Quel que soit le contexte, plutôt que de laisser la peur ou l'angoisse prendre le dessus, savoir modifier le tonus pour relâcher les zones respiratoires, en particulier le muscle du diaphragme, est une façon non négligeable de se calmer.

En rééducation périnéale, la fluidité respiratoire est fondamentale puisque nous verrons à quel point les troubles urinaires, même en présence de lésion, peuvent provenir de pression(s) thoraco-abdominale(s), autrement dit de blocages respiratoires. Parfois, cela peut aller jusqu'à une respiration inversée, c'est-à-dire désynchronisée entre les parties thoracique et abdominale.

Citons GA à propos de la respiration : « Une fois supprimées les fixations du tonus musculaire, présentes chez presque tous les débutants, toute perception consciente d'une partie du corps agit non seulement sur le tonus, la circulation ou le métabolisme, mais aussi sur la respiration inconsciente. Après la suppression des blocages du tonus et de la circulation dans le périnée, le diaphragme et les intercostaux, la capacité de la respiration à s'adapter instantanément au besoin d'oxygène du moment se trouve sensiblement améliorée »[39].

Ainsi, le parti pris en eutonie est de favoriser son flux optimal, autant que possible…

37. David Servan-Schreiber en a été l'auteur en proposant les bienfaits de la cohérence cardiaque : 5 minutes de respiration rythmée pour permettre de contribuer à réguler le système nerveux autonome.

38. Christine Chautemps, *L'eutonie une préparation à la naissance autrement*, Éditions Amyris, 2017.

39. Gerda Alexander, ouvr. cité, note 17.

Une démarche de conscience

Aujourd'hui, un intérêt sociétal se manifeste autour de la notion de conscience, y compris dans le milieu médical, où l'approche de « pleine conscience »[40] est de plus en plus utilisée dans la prise en charge de certaines difficultés et pathologies addictives, dépressives et autres.

Comme le souligne André Comte-Sponville, la conscience « est l'un des mots les plus difficiles à définir ». Ce n'est pourtant pas faute d'écrits sur le sujet.

Souhaitant résumer l'œuvre de Carl Gustav Jung, Frieda Fordham propose cet éclairage : « l'inconscient est la matrice de la conscience [...][41] ». Comme le pressent Jung, cela nous permet de reconnaître la part du psychisme englobant conscient et inconscient dans le développement de la conscience[42].

Alors que par le passé la religion a assimilé conscience et morale, la pratique de l'eutonie propose modestement d'explorer le corps pour ancrer en lui les racines de la conscience.

En effet, la conscience peut-elle s'installer sans une réelle présence à l'entité corporelle ?

Citons à nouveau Karlfried Graf Dürckheim qui remplace « le concept du corps que l'on a » par « la conscience du corps que l'on est »[43].

GA a probablement créé sa démarche à partir d'une idée similaire et l'exprime ainsi : « L'Eutonie propose une recherche adaptée au monde occidental, pour aider l'homme de notre temps à atteindre une conscience approfondie de sa propre réalité corporelle et spirituelle dans une véritable unité ».

Revenons vers la pensée de Spinoza, commentée par Romain Treffel : « La conscience doit être entendue comme le lieu de la connaissance du corps par l'esprit. C'est elle, par conséquent, qui recèle la vérité du corps, et non pas le corps lui-même »[44].

Plus pragmatique, le philosophe Richard Shusterman propose de considérer le corps comme source objectivante de conscience et évoque l'idée d'un

40. *Cf.* note 22.

41. Frieda Fordham, *Introduction à la psychologie de Jung*, Payot, 1979.

42. Carl Gustav Jung, *L'homme et la découverte de son âme – Structure et fonctionnement de l'inconscient*, Collect. Petite Bibliothèque Payot n° 53, 1966.

43. Ouvr. cité, note 30.

44. Romain Treffel, *L'union du corps et de l'esprit selon Spinoza*, https://1000-idees-de-culture-generale.fr/union-corps-esprit-spinoza/

« holisme somatique – je suis un corps »[45] reprise par Barbara Formis qui le résume ainsi : « Voilà pourquoi la conscience du corps n'est pas tant le résultat d'une conscience qui produirait une autoréflexion sur son corps, mais plutôt le surgissement d'une conscience complètement incarnée, dérivée quant à elle d'un corps pensant, d'un corps qui produirait de la conscience par ses propres moyens : le mouvement, l'exercice, la posture, le comportement, bref, l'expérience »[46].

Dans la mesure où personne n'est « propriétaire » de la conscience et qu'il n'existe ni norme ni institution pour la développer, est-elle susceptible d'être appréhendée et développée par chacun ? Mon cheminement me porte à croire qu'une simple expérience corporelle favorise l'émergence d'une prise de conscience à partir du moment où une écoute intérieure la sous-tend. C'est le cas en eutonie par l'éveil et la stimulation d'un seuil de sensibilité et de réceptivité.

Enfin, concluons avec le point de vue de Karlfried Graf Dürckheim : « Dans la perception intérieure, en revanche, la chose vécue ne fait qu'une avec le sujet qui la vit, et elle le transforme du moment qu'elle se fait percevoir. Chaque fois qu'une expérience vécue contribue à l'évolution de l'homme, c'est la connaissance intérieure de la chose vécue qui est secrètement à l'œuvre et non le fait d'avoir cette expérience, comme on a ou possède un objet. [...] Alors que la conscience objectivante a son siège dans la tête, que sa faculté percevante est située "en haut", la conscience intérieure est une "présence percevante du corps". Ce n'est pas un organe particulier, mais l'homme entier, dans tout son corps, qui perçoit. Cette forme de conscience est perturbée, voire effacée lorsque la conscience "siégeant dans la tête" domine »[47].

La démarche et l'obligation du professionnel de santé

Le professionnel de santé qui s'est spécialisé dans la rééducation a la liberté de s'impliquer dans telle ou telle démarche thérapeutique et d'en dispenser les bénéfices à ses patients. L'approche utilisée conditionne alors la technicité, la mise en œuvre thérapeutique ainsi que le rapport soignant-soigné.

Nous verrons à quel point accompagner un patient en eutonie met le praticien en position de témoin de lui-même ainsi que du soigné. Nous verrons que son chemin est comparable à celui qui incombe à un psychanalyste afin de pouvoir analyser ses patients.

45. Richard Shusterman, *Conscience du corps, pour une soma-esthétique*, Éditions de l'Éclat, Paris, 2007.

46. Barbara Formis, *Esthétique de la vie ordinaire*, Éditeur PUF, 2010.

47. Ouvr. cité, note 30.

Effectivement, il est demandé au soignant de rester dans une position confiante et enracinée pour éviter, autant que possible, d'influencer le patient dans son cheminement. Pourtant, nous savons à quel point l'intention du soignant peut impacter le patient et en particulier, soutenir la possibilité d'un mieux-être.

Ainsi, le thérapeute en eutonie doit s'abstenir de tout type de projection sur lui, y compris quant au résultat. Dans ce cadre très différent de celui qui consiste à demander au patient de produire une action pour obtenir tel effet, sa non-attente et sa transparence sont des prérequis. Ce qui suppose que les consignes qu'il donne soient aussi claires et ouvertes que possible afin de minimiser la possibilité d'induction de sa part sur le vécu du patient. Il apprend par l'expérience que sa présence et son alignement favorisent les mêmes dispositions chez le patient, même si la démarche est nouvelle pour ce dernier.

En somme, le concept de « prendre soin » désigne cette attention particulière que le (la) soignant(e) porte à la patiente dans cette situation particulière, en vue de lui venir en aide, de contribuer à son bien-être, de l'aider à trouver des solutions mais sans se substituer à elle. Ainsi, le professionnel formé en eutonie offre à la patiente la liberté de son exploration, mais aussi l'invite à un moment de présence à elle-même, ce qui est déjà en soi un grand bénéfice pour une bonne partie des patientes qui ne s'accordent ni le temps, ni la possibilité de s'intérioriser.

De manière générale, il est souhaitable que cette démarche thérapeutique alimente une source de co-créativité. Ainsi, la posture du professionnel ne peut se limiter à du copier-coller, c'est-à-dire se contenter d'un acte « technique ». Il s'avère que sa position est d'autant mieux adaptée au patient qu'elle stimule sa propre recherche professionnelle. De fait, il serait présomptueux de s'improviser praticien en eutonie sans un cheminement préalable, au risque de se perdre et de perdre la(s) patiente(s) en route.

Chapitre II

Les raisons d'être de la rééducation pelvi-périnéale (RPP)

Sa prescription et son domaine d'action

La rééducation périnéale se pratique depuis 1980 en France et est prise en charge par la sécurité sociale depuis 1985.

Elle est généralement réalisée dans le cadre du post-partum (PP) et lors de troubles périnéo-sphinctériens en dehors du PP. Consécutive à un accouchement, sa mise en œuvre n'est pas systématique et est laissée à l'appréciation du prescripteur. Notons que lors des trois premiers mois suivant l'accouchement, sa pertinence est discutée par certains médecins qui argumentent qu'une récupération tissulaire s'exerce naturellement.

La prescription est faite par la sage-femme ou l'obstétricien lors de la consultation postnatale des trois premiers mois et, en dehors du PP, par le médecin traitant ou le gynécologue. Si elle est pratiquée par un kinésithérapeute, elle ne commence qu'à partir de trois mois alors que ce délai ne s'applique pas pour la sage-femme.

Cette rééducation concerne les perturbations de la partie basse de l'appareil urinaire, celles de l'appareil génital et parfois de la partie terminale du colon. Les troubles les plus fréquents sont l'incontinence urinaire et anale, l'incontinence de gaz vaginal et anal, la descente d'organes appelée aussi prolapsus, les syndromes douloureux du bassin dont les dyspareunies ou douleurs liées à l'acte sexuel.

Une première consultation se compose d'un bilan initial comportant plusieurs questions qui permettent d'appréhender objectivement la réalité du(es) problème(s) de la patiente, et ce, afin d'effectuer un diagnostic le plus précis possible par le praticien.

Celui-ci explique ensuite la méthode utilisée. En cours de traitement, il assure un suivi des symptômes et à la fin, une évaluation de ses résultats.

Ajoutons que la rééducation périnéale n'est pas une rééducation comme une autre : d'abord parce qu'une femme peut être en difficulté pour aborder la (les) problématique(s) intime(s) dont elle souffre ; ensuite parce que certains problèmes évoqués sont invalidants au point de perturber la vie sociale, professionnelle et privée ; enfin parce qu'elle s'adresse à une région intime du corps, elle demande de la part du praticien du tact, de la disponibilité et de l'empathie. De fait, cette thérapie n'est pas indolore et elle n'est jamais prise à la légère par la personne.

En conclusion, les symptômes d'incontinence avec ou sans altération de la sphère pelvienne justifient pleinement le caractère systématique d'une prévention, qui pourrait être le plus large possible.

Les différents types de rééducation pelvi-périnéale (RPP)

Actuellement, il existe différentes façons de concevoir et de réaliser cette rééducation et rares sont les femmes qui en sont informées. De plus, un grand nombre de professionnels n'ont reçu qu'une formation purement traditionnelle et mécaniste.

Si nous cherchons à classifier les différentes approches par catégorie, voici celles qui se pratiquent :

LES TECHNIQUES INSTRUMENTALES AVEC L'INTRODUCTION D'UNE SONDE INTRAVAGINALE POUR DE L'ÉLECTROSTIMULATION ET/OU DU BIOFEEDBACK

L'électrostimulation sert à stimuler la contraction musculaire périnéale généralement par le biais d'une activation nerveuse. Cette stimulation est aujourd'hui controversée pendant au moins les six premiers mois du post-partum, car elle retarderait la restauration des fibres nerveuses lésées par l'accouchement.

Le biofeedback aide la patiente à objectiver, mesurer et amplifier la participation musculaire du périnée dans le but de mieux savoir l'utiliser.

En dehors de la sonde, des petits cônes intravaginaux de taille progressivement croissante peuvent servir à tonifier les parois vaginales par un travail de verrouillage. Dans la même catégorie, il existe les boules de geisha qui s'installent par paire et que l'on apprend à mobiliser ou à stabiliser grâce à un travail périnéal adapté. Il va sans dire que la patiente qui utilise ces ustensiles doit accepter leur introduction interne.

LES TECHNIQUES MANUELLES

La plus connue est la CMP ou « connaissance et maîtrise du périnée » de D. Trinh Dinh[48], feu sage-femme formatrice qui a beaucoup contribué à la prise en charge et à l'appréhension du périnée par les femmes et les sages-femmes. Cette approche éducative permet de réveiller la motricité et la sensitivité de zones précises du périnée, grâce à l'utilisation d'images mentales. Notons que certaines praticiennes font évoluer leur pratique de la CMP en réduisant le contrôle manuel au minimum. Étant donné la prise en compte de la sphère pelvienne élargie et de la respiration, nous classifions la CMP traditionnelle dans la catégorie des approches semi-globales.

LES MÉTHODES CORPORELLES

Elles incluent le yoga, la gymnastique Pilates[49], la gymnastique hypopressive du Dr Bernadette de Gasquet[50] et l'eutonie de GA. Ces approches se différencient par le travail et la participation demandés à la patiente pour s'approprier la zone pelvi-périnéale. En effet, comme nous l'avons déjà souligné, l'origine de la problématique pelvi-périnéale est indépendante de l'état du périnée dans une approche globale.

En résumé, il s'agit soit de traiter isolément le périnée en le renforçant musculairement, soit de le traiter en le considérant comme indissociable de l'ensemble. Pour simplifier, je qualifierais la première option de « locale » et la seconde de « globale », sachant que ce sont deux grandes lignes que nous nuancerons davantage et dont nous préciserons les différences ainsi que la complémentarité.

L'évaluation éducative et curative de ces approches

Dans le registre d'une action sanitaire, il s'avère nécessaire de s'intéresser aux conséquences et aux résultats de tout traitement ou pratique de santé publique. Depuis juillet 2014, les recommandations de l'HAS (Haute Autorité de santé) préconisent notamment aux praticiens de s'engager dans une démarche active de « bonnes pratiques » afin d'optimiser l'efficacité de

48. Dominique Trinh Dinh (1950-2007) a mis au point la CMP ou connaissance et maîtrise du périnée.

49. La gymnastique Pilates, développée par Joseph Pilates, est un système d'activité physique, ayant pour objectif le développement des muscles profonds, l'amélioration de la posture, l'équilibrage musculaire et l'assouplissement articulaire, pour un entretien, une amélioration ou une restauration des fonctions physiques. https://fr.wikipedia.org/wiki/Méthode_Pilates

50. *La méthode hypopressive des abdominaux*, du Dr Bernadette de Gasquet, vulgarisée par le livre *Abdominaux, arrêtez le massacre* est pratiquée en association avec le travail du périnée.

leur démarche soignante qui doit pouvoir répondre à des critères d'étude et d'évaluation.

Or dans les conclusions du rapport de l'HAS[51], « il y a très peu d'information sur l'impact des interventions évaluées sur les résultats de soins ». Autrement dit, il s'avère difficile de prouver la pertinence de ces soins et encore plus de démontrer que telle démarche thérapeutique serait meilleure qu'une autre, tant l'appréciation des variables est changeante et subjective. Il n'en reste pas moins que l'« observation clinique » au début, pendant et en fin de traitement, est un indicateur que nous retenons.

Cependant, la participation de la patiente ne peut être négligée au cours de la RPP, puisqu'elle est la mieux placée pour pouvoir appréhender ce qui a changé dans son vécu corporel, et surtout ce qui s'est amélioré. Sans oublier que l'invitation à s'appuyer sur les sensations est en soi une façon de consolider sa confiance et son autonomie afin de pouvoir mieux gérer ses troubles.

Cela n'empêche pas le praticien d'apporter ses conclusions thérapeutiques et de valider les progrès de la patiente grâce à ses compétences cliniques et médicales. D'ailleurs, lorsque l'interaction fonctionne bien entre les deux, nous observons que l'évaluation de la sage-femme rejoint celle de la patiente.

Il n'en reste pas moins que le questionnement éthique peut éclairer et structurer la nécessaire amélioration des pratiques ainsi que la qualité de l'offre de soins. Dans ce sens, chaque praticien peut a priori bénéficier d'une remise en question régulière de son approche thérapeutique, tant par rapport à l'outil utilisé qu'à ses modalités de mise en œuvre et à sa posture relationnelle. D'où le bien-fondé de la formation continue et de l'analyse de la pratique sous la guidance d'un professionnel spécialisé, a fortiori en eutonie.

Le choix d'une approche locale ou globale

La plupart du temps, la patiente ignore la possibilité d'un choix. De plus, une majorité de femmes est conditionnée par la croyance que le spécialiste sait mieux qu'elle ce qu'il faut faire et ce qui lui convient personnellement.

Si le choix lui revenait, peut-être que ses propres référentiels et points de vue l'orienteraient vers une autre approche, même sans connaissances précises sur la méthode.

51. *Cf.* Rapport de l'HAS, *Efficacité des méthodes de mise en œuvre des recommandations médicales*, juillet 2014.

Par ailleurs, l'interaction que nous avons déjà soulignée et qui se manifeste dans toute approche thérapeutique, indique que la conviction du thérapeute est un des facteurs non négligeables dans le cheminement de la patiente.

La préférence pour l'une de ces deux approches, locale ou globale, est peut-être analogue à la prétendue dominance du cerveau gauche ou du cerveau droit. En effet, la fonction du cerveau gauche est l'analyse, le contrôle et la logique, tandis que celle du cerveau droit est l'intuition, l'holisme et la créativité. Même si on a longtemps supposé la prépondérance du gauche par rapport au droit, Jeff Anderson et son équipe universitaire d'Utah affirment que l'hémisphère droit est autant activé que le gauche[52]. Il n'existerait donc pas de spécificité cerveau gauche cerveau droit, puisque les deux travaillent ensemble mais traitent les informations de façon différente, l'un de façon séquentielle et l'autre de façon plus synthétique.

Ainsi, cette analogie permet de cautionner les tenants et les aboutissants des deux possibilités de traitement, sans remettre en cause ni leur raison d'être ni leur finalité.

Mais nous pouvons distinguer ces deux approches par d'autres aspects, en particulier par leur processus et leur mise en œuvre.

L'ACTION LOCALE

À un problème local, ce type de traitement apporte une réponse locale à l'aide d'une certaine technique ou d'un apprentissage spécifique. Celle-ci nécessite une action basée sur le contrôle pour contracter musculairement le périnée – tout ou partie – afin de le stimuler et de le renforcer, voire de le verrouiller lors d'efforts.

Le travail local rentre dans la logique de la médecine conventionnelle dont la préoccupation est de soulager le patient efficacement et de lui permettre d'aller rapidement mieux. Mais se donne-t-elle la possibilité et le temps de remédier au symptôme en s'intéressant à sa cause et en proposant un soin adapté à la singularité de chacun ?

Concernant la RPP, force est de constater que la tonification de cette zone indépendamment de l'ensemble ne règle pas forcément le problème, voire peut le majorer par le déséquilibre créé. En effet, compte tenu des synergies effectives, cette contraction locale peut tendre d'autres parties du corps, entre autres le diaphragme respiratoire ainsi que la zone des mâchoires et de la gorge.

52. https://www.futura-sciences.com/sante/actualites/medecine-fin-mythe-personnes-cerveau-droit-gauche-48433/.

La limite de cette action se pose notamment dans le cas où une incontinence urinaire d'effort (IUE) se produit chez une femme tendue et/ou stressée, dont le tonus du périnée et du corps est en permanence trop élevé. Nous avons vu dans ce cas que les capacités fonctionnelles du périnée peuvent être dépassées et inopérantes.

C'est donc une approche comportementale symptomatique qui apprend à gérer le problème grâce à une stratégie active de compensation. Mais peut-on considérer que l'amélioration ainsi obtenue modifie les réflexes inappropriés responsables des pressions en direction de la zone pelvi-périnéale ?

L'ACTION GLOBALE

À l'instar de l'eutonie, la globalité s'intéresse à la coordination naturelle du corps et à l'unité psychomotrice propre à chacun. Elle permet au corps de s'organiser afin d'assurer la collaboration spontanée du périnée aux circonstances du quotidien, y compris lors d'efforts. Évidemment cette démarche s'accompagne d'une aptitude à lâcher prise afin d'accueillir chaque petite découverte en direction de la physiologie.

Cette option invite la patiente à découvrir les réflexes périnéaux adaptés à chaque situation dans la mesure où elle perçoit que le périnée est en lien avec l'ensemble du corps et non une zone à part, comme elle est prise en charge dans une rééducation locale. Nous verrons d'ailleurs que la sangle abdominale se tonifie simultanément et de façon synchronisée avec le périnée.

L'orientation d'un tel travail est d'apprendre à s'enraciner dans un corps plus circulant, qui se libère progressivement de ses sources de crispations et donc de ses pressions, qu'elles soient d'origine intérieure ou extérieure. Ceci n'est possible que grâce à la prise de conscience de mécanismes délétères, comme celui de bloquer la respiration et/ou de pousser sur le périnée lors d'efforts, en provoquant un périnée descendant.

En outre, la patiente apprend à se positionner autrement et à devenir non plus objet mais sujet de sa rééducation, en assumant l'aptitude à réguler ce qui se passe en elle au quotidien.

LA VALEUR DU TESTING PÉRINÉAL

Cette évaluation clinique ou « testing des releveurs » est discutable par sa subjectivité et son inadéquation à renseigner sur l'origine et la nature des troubles. Non seulement le score entre 0 et 5 qui est attribué à la patiente peut être infantilisant, mais son évaluation ne tient pas compte de la fonctionnalité du périnée. En effet, un testing bas n'est pas toujours associé à l'existence de troubles et, inversement, il peut être parfait chez une patiente qui se plaint pourtant d'incontinence urinaire d'effort (IUE). En outre, il arrive que cette cotation donne suite à des commentaires assez dépréciatifs de la part du professionnel, lesquels peuvent contribuer à la dévalorisation d'une femme.

De plus, le testing requiert une participation hors du cadre de la physiologie, du fait de sa pratique en position allongée avec les genoux écartés. En effet, cette position dite « gynécologique » accentue anatomiquement la fermeture du périnée postérieur alors qu'elle limite celle de la partie antérieure. En réponse à la commande demandée, elle incite donc à compenser par une contraction d'autres muscles, dont les fessiers et la sangle abdominale au lieu d'optimiser la contraction de la zone péri-vaginale. Cette action peut même aller jusqu'à la production de ce que nous appelons une « inversion de commande », qui met en évidence une poussée abdominale élevée avec blocage du diaphragme.

Inutile d'ajouter que cette situation soustrait le périnée à son interdépendance avec l'ensemble du fait qu'aucune situation physiologique ne l'engage musculairement seul. En outre, la soumission à cet examen prive la patiente de sa propre perception et exige d'elle une performance, ce qui est exactement l'inverse de ce qui compte dans une approche globale. Pourtant, le critère prioritaire n'est pas tant d'évaluer la force des releveurs (muscles profonds du diaphragme pelvien) à la pression des doigts que leur participation organique aux besoins du corps.

De fait, l'important est de permettre à chaque femme de se connecter à son périnée en l'état, ce qui est déjà beaucoup ! D'autant que, quelle que soit sa force du moment, la personne extérieure n'en a qu'une appréciation momentanée alors que les mouvements quotidiens ne cessent de le stimuler et de le raffermir.

Enfin et surtout, beaucoup de patientes sont indisposées par le toucher interne, voire même par l'idée de cette énième intrusion, et qu'elles apprécient beaucoup d'en être dispensées. En eutonie, ce testing ne présente donc pas un intérêt majeur et ne constitue pas une étape indispensable, si ce n'est occasionnellement pour rassurer une patiente qui le souhaiterait.

En revanche, la sage-femme peut apprendre à ressentir une réponse du périnée à travers les vêtements d'une patiente et simplement grâce à un toucher sensible.

LA PÉRENNITÉ ET L'EFFICACITÉ DE CES DEUX APPROCHES

À ma connaissance, aucune méta-analyse ni aucune étude comparative randomisée n'a été entreprise à ce sujet. De ce fait, je choisis de m'inspirer de certaines réflexions que j'ai trouvées très pertinentes, issues du guide

Planetree[53] à propos de la « pérennisation » d'une approche de soins centrée sur la personne, dans un cadre institutionnel.

Transposée à l'échelle d'une pratique libérale, je retiens de cette étude la mise en évidence d'un certain nombre de facteurs dont l'engagement et la cohérence du praticien, le sens de la démarche, la satisfaction réciproque vis-à-vis de son déroulement ainsi que l'apport de la communication entre thérapeute et patient.

Dans le cadre thérapeutique que nous traitons ici, ces quatre points sont aussi importants et sont des gages de qualité incontestable.

Une approche locale demande une certaine coopération de la patiente, qui consiste à produire et à reproduire une action volontaire et commandée. Les résultats vont de pair avec l'apprentissage d'un contrôle qui doit être activé au quotidien, faute de quoi la patiente prend le risque que les problèmes se perpétuent ou réapparaissent après une amélioration. Néanmoins, cette technique satisfait un type de profil plutôt rationnel, pour qui les résultats dépendent du « faire ». Ces personnes sont conditionnées par l'idée que seul le renforcement musculaire peut compenser la soi-disant « faiblesse » du périnée et elles ne s'interrogent peut-être pas sur d'autres points de vue possibles.

Contrairement à cette pratique, la globalité privilégie les compétences naturelles du corps pour restaurer la physiologie. Ainsi, l'objet de la rééducation périnéale est bel et bien le périnée, alors que l'enjeu concerne la cohérence de l'ensemble. De fait, ce travail engage une participation qui dépasse le cadre purement mécaniste du fonctionnement corporel.

Sans être centré sur la dimension émotionnelle, encore moins psychique, ce type d'investigation entraîne forcément des changements dans le climat intérieur, même minimes. À partir du moment où une personne prête attention à ce qu'elle ressent, quelque chose se stabilise en elle et son état général en bénéficie, comme si la pression retombait, du fait d'une meilleure « prise de terre ».

Il s'avère que les recherches en santé holistique et l'essor des médecines alternatives et complémentaires (MAC)[54] confirment la capacité des patients à se mobiliser vers une autoguérison s'ils saisissent un lien de causalité personnel. À défaut, un problème de santé qui s'améliore temporairement risque de réapparaître tôt ou tard, voire sous une autre forme.

L'amélioration des troubles périnéo-sphinctériens d'une patiente en fin de RPP constitue une certaine finalité. C'en est une autre de se sentir mieux dans son corps pour ainsi favoriser une meilleure fonctionnalité générale.

53. http://www.nosaine2.mywhc.ca/assets/2132_udes_guide_de_mise_en_oeuvre_9decembre.pdf
54. *Cf.* note 23.

Compte tenu de l'étendue des variables que nous ne pouvons maîtriser dans l'organisation corporelle, renforcer un « savoir-faire » grâce au développement d'un « savoir-être » est une perspective sans doute à considérer.

Le périnée ou diaphragme périnéal

SON ANATOMIE

Le périnée occupe une place intermédiaire entre les jambes et le tronc et, de ce fait, il dépend de ce qui se passe au-dessus comme au-dessous. Il est habituellement considéré comme le « plancher pelvien », ce qui lui a valu l'image de hamac et la fonction de soutien des organes. C'est une représentation erronée et qui a certainement contribué à lui faire « porter » du poids, notamment celui des organes intra-pelviens.

Effectivement, les récentes images d'IRM ci-dessous montrent sa forme de double arche convexe vers le haut, sans doute pour reproduire la forme en voûte du diaphragme respiratoire avec lequel il est naturellement synchronisé.

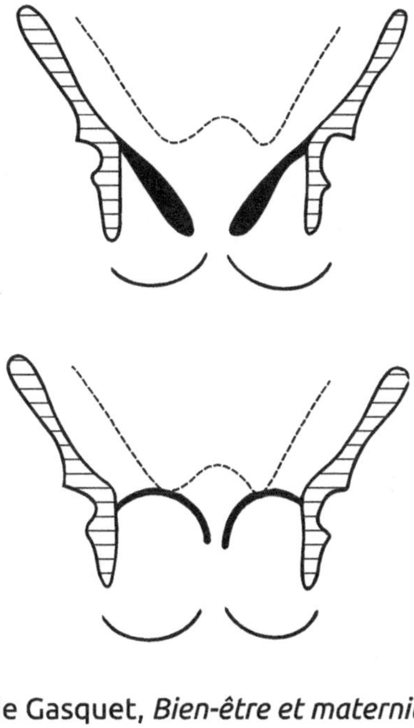

Source : Bernadette de Gasquet, *Bien-être et maternité,* Édit. Albin Michel, 2009.
(le périnée : la représentation classique et la nouvelle représentation de la carène de releveurs d'après l'Imagerie par Résonance Magnétique)

LES TROIS DIAPHRAGMES

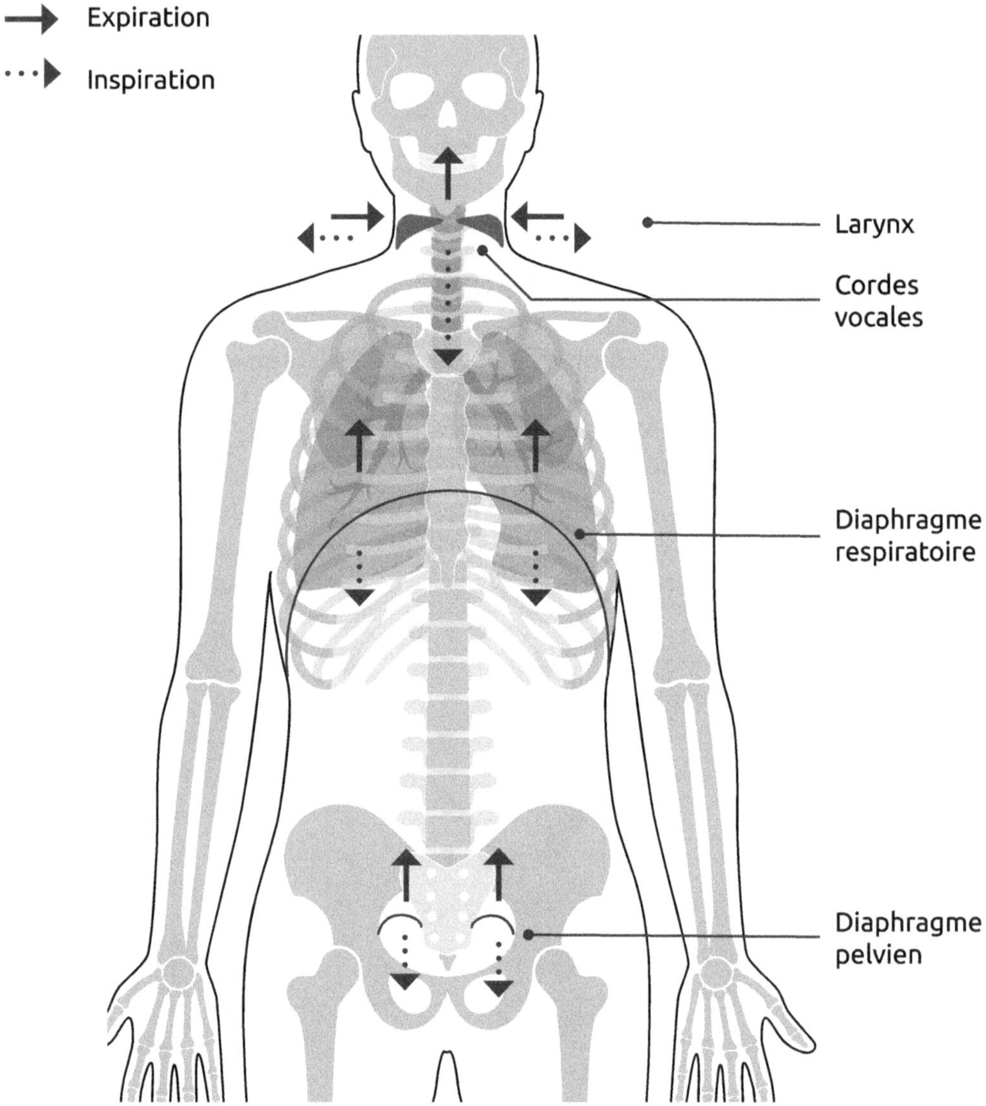

Il existe de fait un rapport de symétrie entre le diaphragme pelvien et les deux autres diaphragmes considérés en eutonie, à savoir le diaphragme respiratoire ou thoracique, et celui du larynx abritant les cordes vocales (CV).

Cela permet d'envisager sa participation respiratoire, grâce à ses qualités tissulaires, et surtout à sa souplesse. Sa fonctionnalité est en effet assurée par des fibres musculaires toniques plus ou moins profondes et résistantes et des fibres phasiques[55] susceptibles de répondre aux sollicitations intenses et immédiates[56]. Cette double constitution, soutenue par un réseau de fascias, lui apporte son ressort, sa mobilité et sa force.

Quant aux organes pelviens, ils sont solidement maintenus en place grâce à plusieurs systèmes dont les fascias et les ligaments qui les recouvrent, les séparent et les fixent dans le bassin. Ils sont par ailleurs en interaction et juxtaposition permanentes avec le diaphragme pelvien. D'autre part, on ne peut ignorer les raisons organiques de sa situation qui chez la femme concernent la fonction génitale, celle de l'enfantement, et celle de l'élimination urinaire et fécale.

Anatomiquement, le périnée féminin entoure trois orifices distincts d'avant en arrière : l'urètre ou méat urinaire, l'entrée du vagin et le canal anal. On lui distingue ainsi deux parties séparées par une zone tendineuse centrale et solide, la vulve en position antérieure et la zone anale en position postérieure. De plus, il est organisé en deux plans insérés sur les parois internes du petit bassin, l'un superficiel sous la peau au niveau de l'entrejambe et l'autre, plus profond, ou diaphragme périnéal.

Retenons que les sphincters externes entourant l'urètre et l'anus font partie du plan superficiel du périnée que l'on peut repérer au toucher, notamment entre la vulve et l'anus.

SES FONCTIONS

Le périnée sert à la miction urinaire, à la défécation anale et contribue à l'acte intime, sexuel et reproducteur. Il est donc relié aux organes pelviens – d'avant en arrière, la vessie, le vagin et le rectum – qui sont solidaires grâce à leur imbrication en « coudure » les uns sur les autres.

Représentant la base la base du bassin mais aussi de la partie supérieure du corps, le périnée réagit aux pressions liées à la respiration, aux mouvements et aux efforts les plus courants, comme évacuer les selles, tousser, éternuer, se moucher et porter.

Or, il faut savoir que l'évacuation des deux réservoirs (vessie et rectum) ainsi que la mise au monde du bébé le sollicitent quelquefois excessivement et qu'il peut en garder des séquelles. Un déséquilibre pelvien peut donc s'installer avec des répercussions sur les conditions d'organisation intérieure et d'élimination.

---

55. Les contractions *toniques* interviennent dans le maintien des forces de redressement et dans celui de la posture tandis que les contractions phasiques interviennent dans la mise en tension nécessaire aux mouvements.

56. Z.A. Gosling, Z.S. Dixon et al., *A comparative study of the human external sphincter and urethral levator ani muscles*, Br. J. Urol., 1981.

Afin de faciliter la défécation, il est préconisé d'installer les genoux au-dessus du bassin, version position accroupie[57], et depuis la parution de cette information, les fabricants se sont empressés de commercialiser un rehausseur de pieds réservé à l'usage des toilettes. Cette position reproduit celle des toilettes à la turque, devenues rares maintenant, dans le but de réduire l'angle entre le tronc et les jambes afin que le rectum et le canal anal s'alignent davantage.

En dehors de ces fonctions organiques, les insertions du périnée sur le bassin lui confèrent un rôle de transmission des forces qu'il reçoit sans en subir le préjudice, sachant que son implantation à la base du bassin le sollicite spontanément du fait des activités hautes et basses du corps.

Rappelons qu'il est tout à fait naturel de sentir des variations de la tonicité du périnée comme de l'ensemble, tant que le cycle menstruel est agissant. Ce n'est cependant pas une raison suffisante pour expliquer le problème des fuites urinaires, qui révèlent une surcharge du sphincter urinaire liée à certaines situations pathologiques.

Ce sont typiquement les circonstances où l'éducation et la rééducation sont indispensables pour apprendre à préserver et à protéger le périnée auquotidien.

SES LIENS

Rappelons d'abord que les faisceaux du périnée s'insèrent sur le petit bassin (partie basse), à savoir la symphyse pubienne en avant, le coccyx en arrière et les ischions (petites pointes osseuses au bas de chaque fesse). À certains endroits, ils s'unissent aux fascias de soutien, au système ligamentaire et aux parois des organes.

Le diaphragme périnéal avoisine la musculature du bassin, à savoir les fessiers et les pelvi-trochantériens, dont le fameux piriforme (ou pyramidal) souvent responsable des sciatalgies en cours de grossesse, ainsi que l'ilio-psoas (ou psoas) qui descend de la zone inférieure de la colonne vertébrale et se dirige en avant vers la partie supérieure de la cuisse.

Par ailleurs, il est important de considérer le bassin comme une zone de cohésion et de stabilisation de l'axe vertébral dont tout déséquilibre se répercute sur lui. Il se comporte donc en relais des forces qui le traversent, ce qui permet d'admettre la liaison du périnée à la partie supérieure, mais aussi à la partie inférieure et de fait, au corps tout entier.

57. Bernadette de Gasquet, *Libérez vos intestins ! La méthode pour prévenir et traiter la constipation*, Poche Marabout, 2016.

LIENS AVEC LA PARTIE SUPÉRIEURE

En eutonie, nous concevons l'interaction du diaphragme pelvien (DP) avec le haut du corps par les deux diaphragmes supérieurs, respiratoire (DR) et laryngé – *cf.* schéma p. 42 « Les trois diaphragmes ». Cette connexion s'explique par l'organisation du corps en plusieurs chaînes musculaires. C'est pourquoi chaque zone du corps a son importance et retient notre attention.

L'analogie entre DR et DP vient de leur constitution, de leur forme, de leur activité et de leur interdépendance. Ils sont composés essentiellement de fibres musculaires et d'une partie résistante au centre, ou noyau tendineux.

Ils se déplacent dans les mêmes directions pendant l'acte respiratoire. Ils s'abaissent à l'inspiration et remontent avec l'expiration pendant que l'air remonte vers le haut pour traverser les CV. Pour ce qui est de leur participation tonique, ils se tendent à l'inspiration et se relâchent à l'expiration.

Étant donné sa situation, le DR porte sur le centre tendineux le sac péricardique qui enveloppe le cœur, tandis que du côté de l'abdomen, il contribue à l'activation des viscères digestifs et à la mobilité des organes pelviens. Par son déplacement, il entraîne le tractus respiratoire et le larynx avec les CV. Il en résulte que les trois diaphragmes interfèrent entre eux et avec l'ensemble.

En fait, la zone abdomino-pelvienne est là pour protéger le périnée puisqu'il n'y a pas de séparation entre ces deux cavités et qu'elle régule le jeu des pressions venant du haut.

Ainsi, la RPP demande d'investiguer le bassin, mais aussi le dos, le thorax, la ceinture scapulaire, les bras, le cou, les mâchoires et le crâne.

LIENS AVEC LA PARTIE INFÉRIEURE

Les jambes sont unies au bassin par l'articulation des hanches et à l'axe vertébral, par le muscle psoas, important pour la statique pelvienne. Leur coordination avec la partie haute est essentielle aux mouvements et déplacements, mais aussi à la statique globale.

Pour la verticalité, l'équilibre pelvi-périnéal est indissociable de celui des membres inférieurs (MI), impactés eux-mêmes par l'appui des pieds contre le sol.

Retenons finalement que les MI contribuent à la mobilité du bassin comme à celle de l'ensemble.

LES PRINCIPALES INTERACTIONS MUSCULAIRES AVEC LE PÉRINÉE

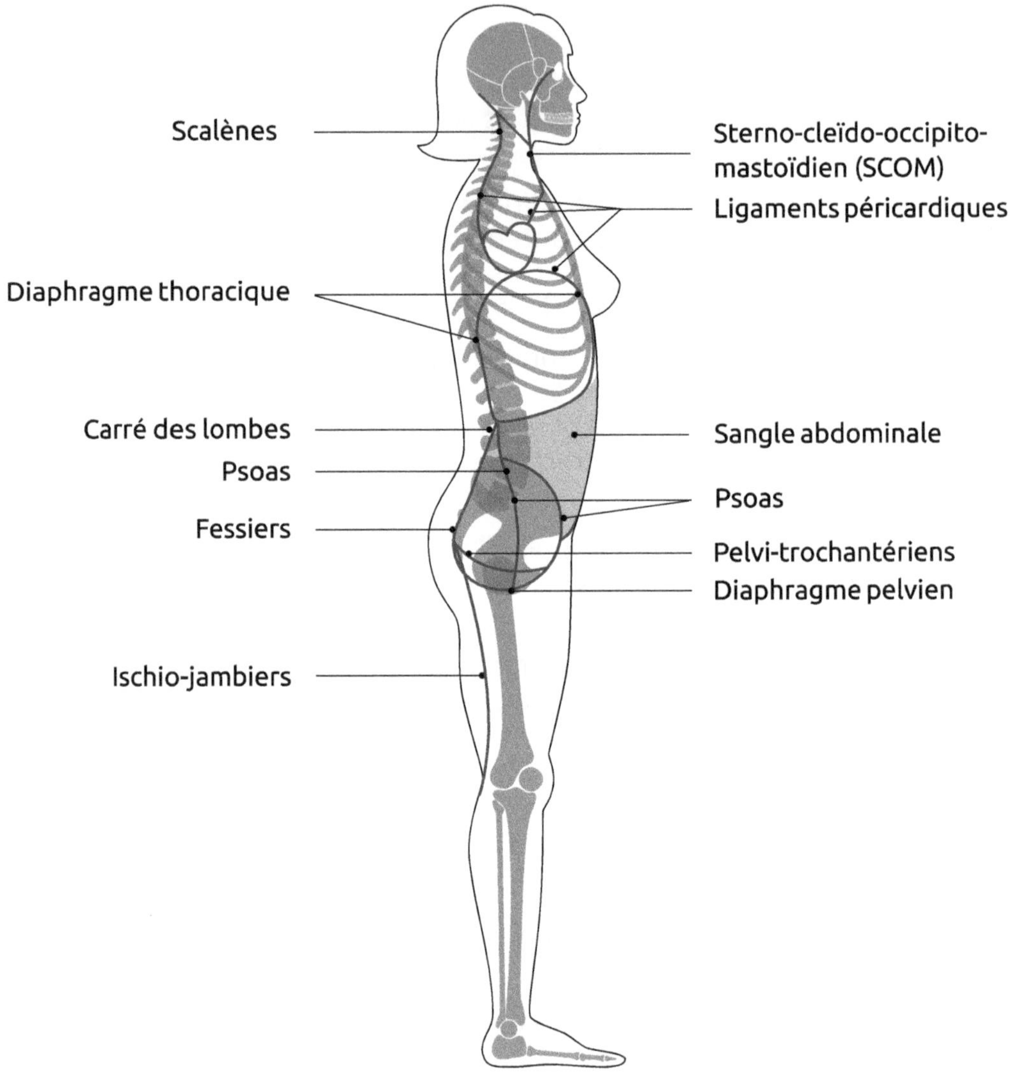

La cohérence de l'ensemble

Une vision holistique permet de considérer à quel point l'organisation biomécanique du corps et la relation entre structure et fonction reposent sur l'interaction des différents systèmes. Le premier dont nous nous occupons en eutonie est le système locomoteur, qui préside à la coordination de l'ensemble en maintenant la forme et l'intégrité du corps.

Nous savons aussi que l'état de santé va de pair avec un équilibre des échanges entre l'intérieur et l'extérieur. Non seulement la respiration s'en trouve améliorée, mais aussi la circulation sanguine, la digestion, la production hormonale, l'immunité, etc.

En eutonie, une RPP s'adresse donc à tous les tissus, mais surtout à ceux qui restreignent, verrouillent ou figent la vitalité du corps. Il est pertinent de s'intéresser aux principaux constituants tissulaires dans la mesure où, spécifiquement, ils contribuent à une certaine qualité d'expérience et procurent un certain vécu intérieur. Ils renvoient à l'image de soi, à ses propres représentations et à ses modalités relationnelles.

Il n'est pas question d'agir ponctuellement sur une zone en particulier mais sur les blocages ressentis, afin de favoriser une meilleure circulation entre le bas et le haut, et inversement.

Comme le prétendait GA, l'état d'esprit d'une personne raide et/ou rigide n'est probablement pas le même que celui d'une personne souple. C'est un propos que nous pouvons nuancer vis-à-vis des personnes qui entretiennent leur souplesse, sans pour autant considérer avec autant d'intérêt leur propre organisation psychique.

À ce propos, une hyperlaxité peut parfois être assimilée à de la souplesse alors que l'augmentation d'amplitude articulaire des genoux (*Cf.* le schéma ci-dessous), entraîne une tension pelvienne. Or, nous ne pouvons ignorer que la qualité tissulaire du bassin est en résonance avec le vécu d'ancrage et de sécurité intérieure.

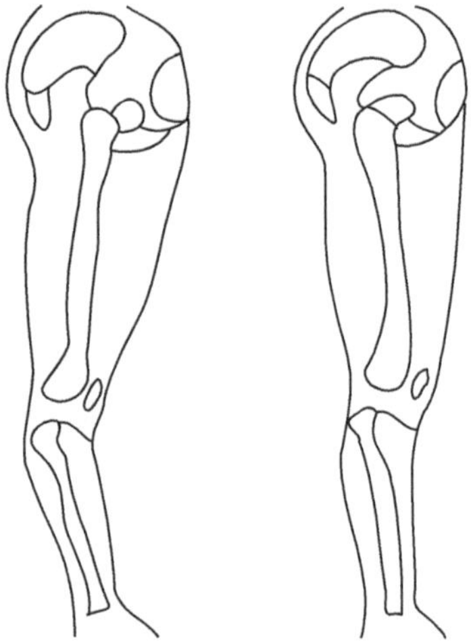

Afin de développer la sensibilité superficielle et profonde, nous invitons les patientes à porter leur attention de l'enveloppe périphérique vers la charpente osseuse, par l'intermédiaire des différents éléments suivants :

LA PEAU

Elle enveloppe l'ensemble et contribue à la perception des limites. Gardienne de l'histoire personnelle, elle porte l'inscription de la vie passée. Elle protège l'organisme contre les agressions extérieures et le préserve des contaminations microbiennes. Organe très riche en récepteurs sensoriels, elle est douée d'une sensibilité très élaborée qui répond à diverses stimulations et informations, allant du plus au moins agréable. Elle informe en effet de la douleur, de la température, des qualités thermiques, des modalités de toucher, de pression, de forme, et elle peut exprimer autant le plaisir que la défense.

Ressentir la peau est une opportunité d'aller vers l'intérieur et vers l'extérieur puisqu'elle sert d'interface entre le dedans et le dehors. Elle peut manifester les indices d'une ouverture, d'une retenue aussi bien que d'un repli sur soi.

Se mettre à distance est une sorte de réflexe qui a sa raison d'être et qui peut traduire une mémoire de peur voire de danger potentiel. Lorsque c'est le cas, l'eutonie de GA a élaboré des outils de libération comme le toucher et le contact, dont nous reparlerons au chapitre IV.

LES TISSUS SOUPLES SOUS LA PEAU

Juxtaposés sous la peau, différents tissus modèlent et organisent la vie intérieure, entre autres la musculature, les fascias, les organes, les vaisseaux et le système nerveux périphérique. Ceux-ci contribuent aux qualités de forme, d'épaisseur, de volume, de profondeur et de consistance du corps. Pourtant ces divers tissus sont qualifiés de mou, par opposition à la densité du squelette osseux. Spécifiquement, ils s'imprègnent des pressions et des influences subies. C'est pourquoi ils peuvent être porteurs de toxines, de source aussi bien métabolique qu'émotionnelle et environnementale.

Qu'elles soient naturelles ou provoquées par des désordres intérieurs et extérieurs, les variations toniques de ces tissus constituent un terrain d'observation très riche en eutonie, puisqu'elles parlent des impacts inhérents à la réalité physique.

L'OS

Inclus dans cette architecture sophistiquée, le tissu osseux permet une exploration d'une autre nature du fait de sa consistance, susceptible d'apporter à l'individu un sentiment de force et de stabilité. En outre, il contribue à équilibrer le tonus des tissus insérés sur et autour de lui.

En RPP, les patientes peuvent véritablement bénéficier de la perception osseuse dans la mesure où, en la développant, elles peuvent se décharger de tensions et ainsi renforcer leur ancrage et leur solidité. En effet, s'appuyer sur sa propre ossature peut nourrir et renforcer sa présence au réel et à l'ici et maintenant.

En réalité, ces éléments collaborent tous d'une manière ou d'une autre à l'équilibre de l'ensemble et à son adaptation aux différentes contingences existentielles.

Ce qui est spécifique à l'eutonie, c'est de pouvoir prêter attention à ces différents tissus tout en découvrant la richesse et la finesse de leurs sensations. Même si nous avons l'habitude de les ignorer ou de les masquer, ces dernières caractérisent nos identifications au « paraître » et au « faire », parfois dans une réelle ignorance de nous-mêmes. Elles constituent pourtant un chemin qui pourrait nous guider vers plus d'harmonie et de sérénité.

Chapitre III

Genèse et conception de la rééducation pelvi-périnéale (RPP) par l'eutonie

Naissance et éthique de la formation

Francine Doucé, kinésithérapeute retraitée de la région de Grenoble, a été dans les années 80 précurseur pour appliquer les principes fondamentaux de l'eutonie en uro-gynécologie. Elle est elle-même l'auteure d'un ouvrage sur la rééducation du périnée en eutonie[58].

Aujourd'hui, de nombreuses sages-femmes et certains kinésithérapeutes ont reçu une formation spécifique en eutonie leur permettant d'accompagner les troubles pelvi-périnéaux les plus fréquents.

Les sages-femmes formateurs et formatrices ont suivi un cursus minimum de trois années en eutonie « généraliste » avant de transmettre la démarche à leurs pairs(es). Je rappelle ici que la profession de sage-femme en France s'adresse autant aux femmes qu'aux hommes.

Plus encore que dans d'autres cadres rééducatifs, la façon dont le thérapeute guide le patient en eutonie correspond à son cheminement et à sa sensibilité. Il lui est demandé d'avoir expérimenté, compris et intégré ses principes fondamentaux pour pouvoir les partager avec le plus de recul et de clarté possibles.

Cette formation approfondit la connaissance de soi et s'enracine à travers la pratique quotidienne. De fait, elle requiert cheminement personnel, goût de la recherche et de la remise en question ainsi que persévérance dans le temps.

L'enseignement initial des sages-femmes étant conçu sur un modèle classique, la rencontre de l'eutonie demande de modifier les schémas

58. Francine Doucé, *Rééducation du périnée selon l'eutonie de Gerda Alexander*, Éditions Ardhome, 2010.

thérapeutiques acquis. J'ajoute qu'elle peut être vécue dans un premier temps comme déstabilisante, dans la mesure où elle pousse le professionnel à quitter la position de « celui qui sait pour l'autre » et qui peut l'installer dans une certaine toute-puissance.

Même si nous ne le voyons pas, « chosifier » le patient est l'une des pratiques les plus inconscientes de l'attitude médicale. Le reconnaître et y prendre garde est déjà en soi une avancée majeure qui donne au patient la possibilité de contribuer à sa guérison.

La loi d'ensemble en RPP

Le fait de s'intéresser à l'ensemble du corps pour améliorer le fonctionnement de la zone périnéale repose sur le principe fondamental de l'interdépendance des systèmes et des organes. Qui dit interdépendance fonctionnelle reconnaît la possibilité d'une communication et d'une solidarité internes. Ces notions garantissent l'unité et la cohésion du tout mais aussi la place nécessaire et indispensable de chaque partie.

Ainsi dans cette perspective, c'est par un lien de cause à effet que nous cherchons l'origine d'une problématique pelvienne. Nous découvrons qu'elle provient d'un déséquilibre entre d'une part, la structure ou l'anatomie, et d'autre part la fonction ou la physiologie. Le fonctionnement corporel étant naturellement harmonisé, notre investigation consiste à chercher la cause d'une dysfonction, même à distance du symptôme.

Concernant la physiologie pelvienne, il faut savoir que les forces intra-abdominales se dirigent en avant vers l'ombilic qui sert de poulie de réflexion pour les diriger vers le pubis. Lorsque l'équilibre statique est compromis, les viscères posés sur le pubis descendent vers l'arrière et viennent s'appuyer sur le noyau fibreux central, qui contrebalance ces pressions par une contraction ascensionnelle. Si ce dernier est débordé par une surcharge de pression, le sphincter urinaire lâche, d'autant que les organes du petit bassin sont particulièrement exposés du fait de la souplesse de leur suspension et de leur consistance.

Contrairement aux idées reçues, ce n'est pas le degré de tonicité du périnée qui importe pour sa santé et sa réactivité, mais le respect des différents paramètres qui contribuent à la fonctionnalité générale. Or, chaque partie du corps peut générer, pour différentes raisons et à différents degrés, des troubles qui se manifestent au niveau du petit bassin puisqu'aucune zone du corps n'est séparée des autres.

J'en veux pour preuve le témoignage d'un gynécologue-obstétricien de Madagascar lors d'une conférence à Grenoble il y a une bonne vingtaine d'années, et qui m'avait passablement interpellée. Il exposait le cas des grandes multipares de son pays en remarquant qu'elles étaient généralement moins touchées par les incontinences urinaires d'effort (IUE) que les femmes de chez nous, malgré un périnée plutôt hypotonique. Les conclusions du moment avaient été accueillies unanimement et je vous livre celles que j'ai retenues : un mode de vie différent se traduisant par un meilleur enracinement, une posture en adaptation constante nécessaire au port de charges parfois sur la tête, et davantage de flexibilité.

Dans nos consultations, il est très fréquent de constater un périnée hypertonique, une lordose marquée, un manque de conscience des appuis et de l'axe ainsi qu'un défaut de souplesse. Il existe bien sûr d'autres problématiques qui mettent en péril l'espace pelvi-périnéal, notamment une paroi abdominale trop tendue, voire pas assez, un problème intestinal chronique ainsi que l'existence de lésions.

Quoi qu'il en soit, la démarche permet non seulement de rencontrer le périnée en l'état mais surtout de se déprendre de réflexes et d'automatismes délétères. Prendre soin de son périnée est donc en grande partie du ressort de la patiente, sachant que la finalité de la RPP est de conduire vers la physiologie.

L'analyse scientifique d'une thérapie holistique

Relevant d'un holisme (du grec *holos* : entier), ce type de thérapie considère que l'ensemble domine sur les parties, pourtant indissociées et indissociables. À l'instar de l'eutonie, elle s'intéresse à la personne avant la pathologie dont elle se plaint, bien que nous cherchions à appréhender cette dernière en vue d'une amélioration.

Une démarche scientifique en matière thérapeutique vise l'analyse des critères, des moyens et/ou des processus qui favorisent l'acquisition de connaissances et de compétences. Ainsi, dans une approche corporelle globale, nous nous attachons à comprendre ce qui favorise une évolution ou une meilleure performance de la zone pelvi-périnéale. Cette recherche concerne autant la pratique de celui qui soigne que celle dont bénéficie le soigné.

À propos des applications de l'eutonie dans l'accompagnement médical des patientes, examinons certains indicateurs susceptibles de correspondre à ces objectifs par le biais des deux études suivantes. Elles résultent d'une série d'observations et concernent l'appréciation qualitative de leurs données.

Un questionnaire a été distribué en 2006 par L. Petit[59], étudiante sage-femme, au cours de la rééducation du post-partum aux femmes accompagnées exclusivement en eutonie dans la région Auvergne-Rhône-Alpes, et elle en rapporte les résultats suivants dans son mémoire :

La plupart des personnes interrogées, à égale répartition entre primipares et multipares, reconnaissent qu'elles ont tiré avantage de cette rééducation, quels que soient leurs symptômes de départ. Celle-ci a été réalisée au cours de la première année du post-partum, en période d'allaitement pour une moitié, et constituait pour 72 % de ces patientes une première rééducation.

Le poids de naissance du bébé se situe entre 2,5 et 4 kg. 98 % d'entre elles sentent mieux leur périnée avec cette rééducation et 90 % ont constaté la survenue de bénéfices secondaires comme un meilleur confort corporel, de meilleurs appuis, etc.

Considérant les troubles du démarrage, les chiffres portent sur : une régression de la pesanteur pour 82 %, une régression de la béance vulvaire pour 83 %, une amélioration de la tonicité pour 46 %, une amélioration des fuites urinaires pour la totalité, avec un constat final de l'inexistence de fuites pour 70 % des patientes.

Une seconde étude réalisée par M. Sarfati livre trois conclusions intéressantes concernant 244 sages-femmes de métropole qui pratiquent l'eutonie en RPP[60] :

- Au niveau pédagogique, l'eutonie permet l'intégration chez les sages-femmes de nouveaux savoir-faire et savoir-être, favorables à un apprentissage efficace chez les patientes.
- La pratique de l'eutonie améliore la qualité de leur présence auprès des patientes qui bénéficient d'une meilleure conscience de leurs sensations corporelles.
- Enfin, cette étudiante a pu confirmer que l'eutonie permet à la sage-femme de proposer un réel accompagnement global dans le contexte d'une RPP.

Ces résultats mettent en lumière que cette pratique thérapeutique emporte l'adhésion du professionnel et de la patiente même si elle ne peut être menée de façon standardisée. En outre, ils convergent vers le constat d'une meilleure conscience corporelle et, surtout, d'une amélioration unanime des troubles grâce à une meilleure fonctionnalité d'ensemble.

59. Mémoire L. Petit, *L'Eutonie et la rééducation postnatale,* à l'école de Bourg en Bresse, 2007.

60. Mathilde Sarfati, mémoire de fin d'études de sage-femme à l'école de Nice, *La pratique de l'eutonie par les sages-femmes : Un enrichissement professionnel et personnel*, 2015.

Pour conclure, le fait même que l'approche ne puisse se modéliser ne facilite pas son analyse au regard des critères du champ conventionnel. Pourtant, ces réponses modestes ne trahissent pas le dessein initial de tout acte médical qui est de renforcer la santé, si ce n'est de la rétablir.

Favoriser l'intériorité

En premier lieu, la RPP en eutonie invite à une prise de contact avec soi-même. Généralement, ce travail démarre en position allongée pour favoriser la décharge de tensions et crispations parasites. Ceci est déjà en soi un travail pour certaines personnes qui ne fréquentent que rarement l'état sans tension en phase de repos, et l'ignorent en cours d'activité.

Pour y parvenir, un facteur aidant est de ménager des moments silencieux nécessaires à la focalisation de l'attention, même si le silence peut être vécu comme dérangeant. En fait, nous constatons parfois que le silence peut être difficile d'accès à certaines personnes qui vivent dans le bruit et à d'autres qui ont une tendance logorrhéique. Dans ce cas, nous les invitons à revenir à l'intérieur d'elles-mêmes pour éviter leur dispersion.

Dans la pratique, les séances se déroulent en alternant les moments avec et sans paroles. L'accompagnement par les propositions d'une personne extérieure permet de favoriser la concentration. Les moyens propices au changement de tonus sont simples et commodes, les plus accessibles étant l'étirement, les mouvements instinctifs comme bâiller et soupirer ainsi qu'une sorte de relaxation formalisée par le praticien appelée « inventaire ».

L'inventaire permet à la patiente de se laisser guider vers un parcours du corps entier ou partiel. L'appréhension de ce qui se passe à l'intérieur de même que l'écoute de la respiration et de son trajet se développent par la canalisation de l'attention, qui constitue déjà en soi un apprentissage.

Cette aptitude à l'observation s'enrichit de l'échange avec les surfaces porteuses, en particulier celle du sol, du tapis, d'un objet intercalé entre le corps et le sol, en contribuant au recentrage intérieur.

Afin que la patiente s'appuie sur ce qu'elle ressent et le moins possible sur un modèle extérieur, le praticien veille à utiliser un vocabulaire non inductif.

Il est impossible de savoir quel est le déclic et le moment optimal pour que surgissent les premières sensations en provenance du périnée. Toujours est-il que cette étape est « confirmante » pour la patiente qui apprend à se connecter à la zone pelvi-périnéale autant dans l'immobilité qu'au cours de l'activité, chaque perception s'installant au rythme où elle est prête à l'accueillir.

Bien souvent, le fait de renouer avec le schéma corporel libère l'énergie qui était bloquée. C'est une façon d'activer notamment la vascularisation, mais aussi la circulation à différents niveaux. Je fais référence ici à la colonne d'énergie subtile, dont la base se situe au niveau du périnée et qui circule le long de la colonne vertébrale. Sur ce point, nous nous situons en dehors du strict cahier des charges d'une RPP, mais le savoir est une compréhension supplémentaire qui confirme l'importance de l'ancrage pour être centré.

Une position responsable pour favoriser le changement

L'état de santé d'un individu repose sur sa capacité à maintenir l'homéostasie[61] de son organisme, sans l'entraver ni la détériorer. Pourtant, les opportunités d'ajustement et de changement sont constamment à l'œuvre, du fait de la dynamique qui nous caractérise en tant qu'humain.

Ainsi notre rôle est de coopérer aux mécanismes régulateurs nécessaires pour pallier les causes de déséquilibre, par exemple, en veillant à nos sources d'alimentation et en pratiquant une activité physique régulière, notamment en cas de surcharge pondérale délétère pour la santé et l'équilibre général.

Étant donné qu'aucun excès ne peut se perpétuer impunément et que nous sommes l'acteur principal de notre hygiène comportementale, nous ne pouvons ignorer que la responsabilité nous revient de contribuer à la préservation d'une harmonie suffisante sans laquelle nous nous exposons à des dysfonctionnements potentiels.

En réalité, la proposition initiale de l'eutonie est simple et véritablement à la portée de tous : observer pour sentir le mécanisme en cours et le laisser naturellement évoluer vers une organisation plus respectueuse de l'ensemble.

En ce qui concerne les troubles de la zone pelvienne, une vigilance par rapport au maintien de l'équilibre est souhaitable. Cela suppose de s'intéresser aux paramètres de la posture et de la respiration, afin d'agir sur les automatismes qui leur seraient défavorables. Gageure diront certains, simpliste ou ambitieux pour d'autres. Il suffit d'en faire l'expérience pour en avoir la confirmation car pousser en direction du petit bassin et de ses organes est un comportement réversible.

---

61. *Cf.* note 28.

Par son absence d'attente, la sage-femme permet à la patiente de chercher elle-même ses solutions en osant son cheminement. De fait, la démarche implique un processus de coresponsabilité car les résultats obtenus dépendent de l'acquisition de nouveaux repères et des changements que la patiente est susceptible d'opérer en elle. Dans la mesure où un réflexe peut disparaître et se reprogrammer autrement grâce à une prise de conscience claire, il y a là un point de bascule qui l'engage bel et bien en direction de son mieux-être.

Force est de constater que ce sont les résistances personnelles qui favorisent la passivité et empêchent le changement. Albert Einstein le souligne ainsi : « Rare est le nombre de ceux qui regardent avec leurs propres yeux et qui éprouvent avec leur propre sensibilité »[62].

Les enjeux d'une présence à soi

Présence à soi et conscience de soi sont dans le langage corporel comme « bonnet blanc et blanc bonnet ».

D'un point de vue comportemental, une personne est dite incontinente lorsqu'elle est incapable de se modérer, de se contenir, notamment sur le plan verbal. Autrement dit, une meilleure présence à elle-même pourrait entraîner une attitude plus « continente ». Dans notre domaine, il semble qu'une meilleure conscience de soi prévienne les problèmes de la sphère pelvienne – dont celui de « se faire pipi dessus » – et y remédie.

Même si les fuites urinaires sont aujourd'hui banalisées par les fabricants de protections et de couches notamment, il y a de quoi se demander pourquoi symboliquement cette « fuite » et pourquoi s'y résigner, sachant qu'une amélioration est toujours envisageable, quel que soit l'âge.

Si marquer son territoire par un jet d'urine, comme le font les animaux, est une façon de communiquer avec leurs congénères, nous disposons d'autres possibilités intelligibles pour nous positionner et nous faire comprendre de nos semblables. Ce qui n'est évidemment pas si simple, voire possible, dans certains contextes que nous subissons bon gré mal gré.

Pratiquer l'eutonie peut être une école pour apprendre à poser ses limites et à les respecter, pour ne pas s'oublier au bénéfice de l'autre et pour accepter ou refuser telle ou telle situation. À ce propos, je me souviens de l'histoire d'une personne d'un certain âge qui a résolu ses fuites urinaires lorsqu'elle a

62. Albert Einstein, *Comment je vois le monde*, Flammarion 1988.

fait le lien entre cette manifestation ancienne et l'étiquette de « pisseuse » que lui avait plaquée son père pendant son enfance.

Il n'en reste pas moins que la présence à soi est une attitude qui se décide et se développe avec le temps. Elle est le fruit d'un travail sur soi, d'une reconnaissance de soi qui permet d'ajuster ses choix et son relationnel.

Fuir cette présence résulte parfois d'une stratégie plus ou moins consciente d'évitement, de souffrances et de difficultés considérées comme insurmontables. Les « larmes du périnée » peuvent en effet marquer un trop-plein physique et/ou psychologique[63].

Il s'avère que le corps est programmé pour nous envoyer des messages suffisamment gênants et douloureux pour nous obliger à cesser de faire la sourde oreille, par rapport à un sentiment de honte, une tendance à l'effacement, une peur d'affirmer sa place et d'affronter les proches, et une culpabilité de ne pas se sentir à la hauteur.

S'arranger avec ses fuites est quelquefois plus simple que de s'y confronter. Pourtant le premier pas est généralement franchi lors de la décision de consulter un professionnel médical, en sachant pertinemment que la pilule miracle pour y remédier n'existe pas.

La rééducation du post-partum

SA JUSTIFICATION DANS LA PÉRIODE POSTNATALE

Toutes les jeunes mamans ne se sentent pas concernées par la rééducation du périnée, surtout lorsqu'elles se sentent bien. Certaines renoncent simplement parce que le médecin a dit au cours de la consultation postnatale qu'elles n'en avaient pas besoin. D'autres, par manque d'information, par manque de temps à y consacrer, ou parce qu'elles n'ont pas de prescription.

En l'absence de troubles apparents, sa méconnaissance est probablement en cause d'autant que ce qu'elles savent des approches instrumentales les inquiètent parfois. En revanche, la proposer sur le mode préventif et éducatif la rendrait certainement plus attractive et inciterait davantage de femmes à y participer. Il suffirait que les professionnels de la naissance en soient tous convaincus et fassent passer le message.

63. Ariane Seccia sage-femme formatrice évoque le périnée psychique au cours de sa formation sur l'accompagnement psychique dans le post-partum.

Par ailleurs, la présenter comme une pratique obligatoire n'étant pas judicieux, mieux vaudrait en expliquer l'intérêt en cours de grossesse ; cela est déjà réalisé auprès des femmes qui viennent en préparation à la naissance et à la parentalité (PNP), sachant que c'est loin d'être le cas de toutes.

Dans ce contexte, il me semble important de les sensibiliser à la patience car le périnée, comme le corps des femmes, a besoin de récupérer en douceur et en confiance après un accouchement, surtout compliqué. D'ailleurs, nous constatons la régression spontanée d'un bon nombre de symptômes durant cette période.

Au décours de la grossesse, la RPP est aussi une aide permettant de dépasser les peurs associées à la reprise de la relation intime avec le conjoint. Non seulement une jeune mère a besoin de temps pour l'envisager, mais elle ne peut l'appréhender que si elle se sent suffisamment bien dans sa peau et dans sa tête.

En effet, son corps physique demande une adaptation qui ne va pas de soi. Les kilos en trop, le changement de silhouette et les tissus déformés sont parfois difficiles à accepter, d'autant plus si la crainte de perdre son attrait séducteur est en jeu.

À ce propos, beaucoup de discours plus ou moins avisés circulent quant à l'équation entre la tonicité du périnée et la satisfaction sexuelle. Je voudrais démentir cette affirmation qui n'a rien de « scientifique » et affirmer au contraire que ce qui nourrit le cœur de la sexualité d'un couple est avant tout la qualité relationnelle.

De surcroît, la période du post-partum peut représenter une forte charge dans la mesure où la jeune mère est confrontée à une réorganisation de son rythme de vie ainsi qu'à une nouvelle responsabilité.

Le défi de s'ancrer et d'appréhender ce nouveau corps s'impose alors pour deux raisons : la première, pour retrouver un équilibre personnel, d'autant plus nécessaire en cours d'allaitement, du fait que les tissus ont tendance à garder une élasticité liée à l'équilibre hormonal ; la deuxième, pour installer une meilleure communication corporelle avec le nouveau-né.

En effet, les travaux d'Henri Wallon à propos du langage du bébé ainsi que ceux de Donald Winnicott concernant le « *holding* »[64], ont confirmé l'existence et la pertinence de cet échange. Ces deux auteurs nous ont interpellés sur l'intérêt et l'importance de la relation non verbale établie par les parents avec le bébé, afin de soutenir et d'accompagner son éveil sensorimoteur et psychomoteur.

64. Le terme « *Holding* » introduit par Donald Winnicott, pédiatre et psychanalyste anglais, traduit le maintien ou le portage de l'enfant.

Ajoutons que grâce à l'avancée des neurosciences, la psychomotricité a pris une place essentielle dans le dépistage et la prévention des troubles comportementaux du jeune âge. En effet, des professionnels de la santé et spécialistes de la petite enfance peuvent soutenir les besoins des parents et de l'enfant pour favoriser leurs interactions, parfois sur prescription médicale.

LES CONDITIONS OPPORTUNES POUR RÉALISER LA RPP

La préconisation médicale est de débuter la RPP six à huit semaines après l'accouchement. Personnellement, je crois qu'il n'y a aucune raison de la systématiser à ce moment-là. Autant ce délai peut être long pour certaines femmes qui se préoccupent de retrouver une activité physique sitôt après l'accouchement, autant pour d'autres, il est beaucoup trop court dans la mesure où leur priorité à ce stade est de se consacrer au bébé et surtout de rester disponible à l'allaitement, ainsi qu'à leur besoin de souffler entre deux tétées. Le mieux est de leur laisser la liberté d'en décider elles-mêmes en leur expliquant que la rééducation postnatale peut se faire jusqu'à la troisième année de l'enfant et que rien ne presse tant qu'elles vont bien. Dans ce cas et dès les premiers jours du post-partum, nous préconisons un travail d'ajustement postural pour les aider à trouver leur nouvel équilibre et se sentir suffisamment à l'aise corporellement, entre autres pour porter confortablement le bébé.

Deux exercices peuvent être intégrés dans les séances de PNP, puisqu'ils trouvent à chaque période de la maternité leur raison d'être. Il s'agit de chercher la posture adaptée en installant une balle de tennis (BDT) sous chaque pied ou un petit bambou sous les plantes de pieds, **exp. 23** (ci-dessous).

Il est aussi possible de marcher sur les BDT, **exp. 24** (ci-dessous).

Ajoutons que les séances de la période postnatale sont des moments dont une jeune mère peut avoir besoin pour s'extraire de son quotidien souvent fatiguant et aussi pour se rendre enfin disponible à elle-même. C'est une des raisons en faveur de sa venue aux séances sans le bébé, si possible. En effet, venir avec lui n'est pas toujours compatible avec la possibilité d'une attention et d'une concentration intérieures. De fait, attendre que les tétées s'espacent ou qu'une autre personne prenne le relais avec l'éventualité d'un biberon de remplacement demande du temps.

Cette étape marque alors un tournant au cours duquel elle peut s'autoriser à s'occuper d'elle et à s'éloigner du bébé, sachant que cette temporalité est personnelle. En effet, la période d'apprentissage de la « séparation » s'élabore avec l'énergie et le rythme de chacune, étant donné sa complexité émotionnelle et psychique.

LES PARAMÈTRES EN COURS

La mise au monde amorce une série de changements qui provoquent une rupture d'équilibre. En effet, si le temps de la grossesse est vécu comme un moment de plénitude, la nostalgie de cet état surgit malgré l'arrivée de l'enfant qui devrait pourtant combler le « vide du dedans ».

Effectivement, la jeune accouchée se trouve confrontée à de nombreux remaniements après l'enfantement. Bien que la physiologie l'aide à traverser les premières turbulences dans une relative euphorie, le baby-blues la guette parfois. Au fil du temps, la nécessité de recentrage et d'harmonisation tonique peut s'intensifier tant les modifications corporelles, biologiques, hormonales, affectives, émotionnelles et psychiques se conjuguent.

Très souvent, les premières semaines demandent à une jeune mère de s'adapter à différents paramètres parfois bouleversants, passant ainsi d'une vie routinière à une désorganisation momentanée et sans maîtrise du temps ; de nuits entières à quelques heures de sommeil à la volée ; d'un bébé silencieux *in utero* à un bébé qui réclame son dû à toute heure du jour et de la nuit ; d'un entourage aux petits soins avant la naissance à une indifférence parfois blessante ensuite. D'un seul coup, l'illusion du bonheur peut s'écrouler et dévoiler une réalité de peurs, d'incompréhensions, de manque, de culpabilité, voire de dépression.

Heureusement, tout en se heurtant à un idéal de perfection, la mère s'ingénie à faire de son mieux et gagne de la confiance en s'appuyant sur son savoir-faire et son savoir-être ainsi que sur les compétences du bébé qu'elle apprend à reconnaître.

Pourtant, et malgré les mises en garde d'avant l'accouchement, nous sommes parfois témoins de la place démesurée que prend le bébé dans sa vie et la RPP peut être un moment pivot pour réajuster cet investissement.

La présence à soi et au corps est une ressource pour gérer la redistribution affective au sein de la triade et de la famille ainsi que pour assumer les enjeux de la responsabilité parentale. Car parmi les tumultes de cette période, la femme découvre l'équilibre fragile entre le rôle de mère et celui d'amante, tandis que le couple réinvente ses repères amoureux. Alors, un certain nombre de points sensibles peuvent se révéler et se traiter, d'une certaine façon, par le biais du corps.

De plus en plus, il s'avère que le soutien du père (du tiers) est un facteur d'équilibre pour la jeune mère et que sa place est fondamentale pour la triade. Sa présence et sa compréhension aimante peuvent contribuer à adoucir le décalage entre les projections inévitables de l'avant et la vérité de l'après pour chacun.

La rééducation en dehors du post-partum (PP)

AVANT LA MÉNOPAUSE

Arrivent vers les sages-femmes beaucoup de femmes qui consultent pour des troubles de la sphère génito-urinaire en dehors du PP. Les motifs de consultation concernent parfois des problèmes apparus au moment d'une maternité ou au contraire sans liaison repérée avec cette circonstance. Ce qui n'exclut pas leur lien de cause à effet.

Toujours est-il qu'au cours du bilan initial, nous interrogeons la patiente sur les circonstances et les détails de son (ses) accouchement(s) et de chaque PP : comment s'est déroulée la sortie du bébé, son poids de naissance, avec ou sans intervention, la pratique d'une épisiotomie ou pas, les suites cicatricielles, la réalisation d'une rééducation périnéale à ce moment-là ou pas, ses résultats, sa vie sexuelle depuis, etc. En fait, nous souhaitons recueillir les informations significatives qui retracent son parcours personnel, y compris en dehors des maternités.

Nous tentons grâce à cette anamnèse circonstanciée de comprendre l'origine et le déroulement des symptômes : leur moment et circonstance d'apparition, leur importance et fréquence, la conduite à tenir mise en place ou pas, le contexte global, l'antécédent de violence sexuelle à un moment ou à un autre de son existence, l'existence d'une constipation… À ce propos, nous pouvons la questionner sur ses habitudes concernant les entrées et sorties hydriques, son comportement mictionnel, celui de l'exonération des selles et du contrôle des gaz.

D'ores et déjà, ces informations nous permettent de repérer l'existence de facteurs responsables de pressions, d'automatismes délétères comme pousser pour uriner, se retenir exagérément avant une miction, différer le moment d'aller à la selle, pousser de façon excessive pour déféquer, se boucher le nez pour éternuer, etc.

Les patientes sont généralement motivées puisqu'elles sont là, bien que plus ou moins en forme et disponibles. Nous les accompagnons en eutonie si elles sont d'accord pour en faire l'expérience.

LE TOURNANT DE LA MÉNOPAUSE

En perdant un potentiel de fécondité, la ménopause peut être difficile à aborder pour les femmes qui craignent une modification de leur image, suite à une éventuelle prise de poids, une sécheresse cutanée et vaginale, une possible baisse de la libido voire de la vitalité, ou tout autre changement. S'associe parfois à ce tableau la période où les enfants quittent le foyer pour voler de leurs propres ailes et où les parents déclinent au niveau de leur santé.

Même si les fluctuations hormonales impactent bel et bien la structure corporelle, ce passage est traversé physiquement et psychologiquement de façon assez variable selon les femmes. De fait, les difficultés sont plus ou moins gênantes, y compris au niveau des bouffées de chaleur et des perturbations du sommeil. Physiologiquement, après une période plus ou moins longue de désagréments, un nouvel équilibre se crée, également sur le plan hormonal, et même les manifestations désagréables ont tendance à s'estomper.

En ce qui concerne la baisse des œstrogènes dont les effets sur la muqueuse vaginale et sur la trophicité (croissance) tissulaire sont identifiés, il n'existe pas de fatalité quant à la musculature périnéale, et son relatif affaiblissement n'est pas une raison suffisante pour expliquer des fuites.

Dans ce contexte, une rééducation périnéale peut se présenter comme une occasion de se recentrer sur soi, sur ses priorités et de refaire le point sur son schéma corporel, sur l'évaluation de son activité physique et de son mode de vie, sur son alimentation, sa consommation de tabac, etc. Certaines femmes gardent une vie assez active notamment pour compenser les changements de la silhouette et, sans y être sujettes jusque-là, elles s'exposent davantage aux fuites du fait d'une écoute insuffisante d'elles-mêmes.

À PARTIR DE LA MÉNOPAUSE ET JUSQU'EN FIN DE VIE

J'aimerais encore démentir la croyance qui associe ménopause et problèmes urinaires, de même que les manifestations d'ostéoporose[65]. Ce sont des idées reçues injustifiées qui entraînent des peurs plutôt que des comportements préventifs appropriés. Beaucoup de femmes en sont exemptes grâce à des règles d'hygiène de vie adaptées. Notons parmi elles, le respect d'une activité physique régulière et harmonieuse, dont la marche qui fortifie et entretient les tissus osseux et cartilagineux grâce à la stimulation des appuis, ainsi que d'une alimentation favorable à l'équilibre acido-basique de l'organisme. Sans oublier l'observation et le rôle des croyances et des pensées pour cultiver un état d'esprit bénéfique à la santé.

65. L'ostéoporose est liée à la baisse généralisée de la densité osseuse liée avant tout à la ménopause sans entraîner forcément un préjudice.

Toujours est-il que la RPP en eutonie peut se pratiquer jusqu'à un âge avancé. Elle s'ajuste aux femmes quelles que soient leurs restrictions, dans la mesure où les étapes et les principes sont les mêmes pour tous les âges. Il est notamment prioritaire, en collaboration avec elles, d'assurer des conditions adaptées qui respectent leurs possibilités corporelles, leurs attentes et surtout leur rythme.

Chapitre IV

Les bases du chemin thérapeutique de la rééducation pelvi-périnéale par l'eutonie

Apprendre à poser le cadre pour la patiente

Le cadre en eutonie est indispensable et doit être posé par la sage-femme ou le kinésithérapeute dès la première séance. Il donne à la patiente le sens de la globalité qui distingue cette approche des autres, sans quoi la démarche risque d'être confuse et inappropriée pour elle.

Il est d'autant plus important qu'il permet d'expliquer les spécificités et les règles de cette méthode de rééducation afin qu'elle puisse s'y engager clairement et en confiance. Une fois posé, il favorise le processus thérapeutique, même s'il s'avère nécessaire d'y revenir dans certaines circonstances.

Nous expliquons à la patiente que son travail consiste à ressentir ce qui se passe en elle au lieu de faire ou de produire quelque chose d'attendu. Nous constatons qu'il n'est pas aussi facile que cela en a l'air de se retrouver face à la liberté d'adapter les consignes et d'exprimer sa personnalité par le biais corporel. Car au lieu d'appréhender le périnée par le contrôle de sa contraction et de sa décontraction comme dans un travail local, nous lui proposons de se concentrer sur des sensations qui lui échappent habituellement, en se focalisant sur son intériorité et sur le présent.

Enfin, nous lui apprenons l'intérêt de sa participation au traitement pour que chaque petite perception puisse compléter sa palette sensible et enrichir sa propre corporalité. En effet, nous savons qu'avant même que le corps se mette en mouvement, il y a toute une chaîne d'organisation cérébrale qui s'active et actualise les paramètres de l'action.

Organisation et déroulement du traitement

Conventionnellement, la pratique de la rééducation périnéale en groupe n'est pas autorisée. Le travail individuel est préconisé pour répondre aux besoins spécifiques de chaque personne et lui apporter le maximum de chance d'évolution. Précisons tout de même que le déroulement d'un traitement repose sur sa cohérence et ne peut se comparer d'une patiente à une autre.

Même si une séance démarre par un court feed-back de ce qui s'est passé depuis la précédente, elle prend en compte le présent, autrement dit l'état dans lequel la patiente arrive et se sent. Cet « état des lieux » compose la note de départ et la suite se poursuit dans l'interactivité, autant que possible. Le langage corporel prévalant en eutonie, la sage-femme le prend forcément en référence dans la marche à suivre et la trame sous-jacente.

Pour ce faire, le professionnel formé à l'eutonie invite régulièrement la patiente à l'accueil et à la verbalisation de son ressenti, notamment avant et après chaque expérience. Bien que la composition d'une séance soit inconnue à l'avance, elle se crée sur le fil du présent et en fonction de chaque binôme soignant-soigné, de la même façon que le tonus s'ajuste à chaque moment et à chaque situation du quotidien.

Étant donné que le processus thérapeutique contient une logique de cheminement, nous avançons par étapes progressives avec des propositions personnalisées afin que la patiente les réalise librement, sans contraintes et dans une observation d'elle-même.

Quant à l'enchaînement des expériences, le parti pris est de lui laisser ajuster le temps de son exploration de façon à privilégier son vécu du moment. Le facteur temporel se révèle un allié précieux et propice à son écoute intérieure, dans la mesure où justement, la course au temps serait contre-productive dans cette investigation. Compte tenu de la durée relativement courte impartie à chaque séance, une expérience approfondie est préférable à plusieurs vécues dans la précipitation.

Lorsque la patiente a conscience que son périnée fait partie de l'ensemble et qu'elle peut et sait l'utiliser sans dommages grâce aux acquisitions nécessaires, la RPP est terminée.

En somme, l'évolution d'une personne n'est ni linéaire ni calculable à l'avance, puisqu'elle dépend de son rythme, de sa singularité et des symptômes en cours, sachant que la démarche demande à s'étaler dans le temps pour permettre aux nouvelles informations de s'intégrer en douceur et en profondeur dans la dimension corporelle, grâce à sa connexion au cerveau.

Dix séances suffisent pour une majorité de situations, excepté les pathologies avancées et chronicisées. Dans ce cas, les professionnels ont la possibilité d'allonger le travail au-delà et dans la limite de trente séances, ce qui est rarement nécessaire en eutonie.

Fondements de la rééducation posturale et fonctionnelle en eutonie

SENSATIONS ET PERCEPTIONS

Nous avons l'habitude d'assimiler sensation à perception et inversement. Pour être plus précis, il faudrait différencier les deux dans la mesure où elles arrivent en différé et agissent distinctement au niveau cérébral.

Une sensation est une information brute en provenance des récepteurs sensoriels. Elle est directe et donnée par le corps, comme le serait un message qui tend à s'incarner pour permettre d'appréhender le milieu présent et ambiant. La sensation étant spontanée et sans réflexion préalable, elle précise la nature de ce qui arrive au corps.

Ainsi, elle est stable d'un point de vue qualitatif puisqu'elle provient d'une stimulation de la même origine. Elle est plus relative d'un point de vue quantitatif dans la mesure où, par exemple, l'exposition à un même lieu n'apporte pas forcément la même sensibilité à la température pourtant identique.

En outre, le corps est équipé de nombreux récepteurs spécialisés pour tel ou tel type de sensations plus ou moins conscientes, sachant que l'information du monde intérieur arrive par les intérocepteurs et les propriocepteurs tandis que celle de l'extérieur provient des extérocepteurs. Entre autres, nous connaissons ceux de la nociception (douleur), de la thermoception (température), de la baroception (pression interne) et de la proprioception (équilibre et posture).

De façon prédominante, l'eutonie fait appel au sens de la kinesthésie, considéré par certains comme un « sixième sens », qui renseigne le cerveau sur les mouvements, les positions et les forces appliquées en dedans et en dehors du corps. La proprioception en fait partie et permet de sentir l'état de tension d'un muscle, la position relative des différentes parties du corps ainsi que sa position dans l'espace.

Quant à la perception, elle résulte du recueil et du traitement de l'information sensible et fait appel à la représentation de soi et du réel. Elle se réfère davantage à la subjectivité puisqu'elle s'élabore mentalement grâce à plusieurs opérations psychiques dont l'attention, l'interprétation et la signification qui lui sont associées. Elle est donc individuelle, mouvante, contextuelle et produite par le déclenchement d'un stimulus. Reliée à la sensibilité personnelle, elle paramètre et précède la prise de conscience.

D'après Alain Berthoz qui dirige le laboratoire de physiologie de la perception et de l'action en tant que professeur au Collège de France, une perception serait intimement liée à un acte intérieur d'anticipation, de simulation et d'adaptation supposant l'acquisition d'une mémoire passée.

Le même auteur en parle ainsi : « La perception n'est pas seulement une interprétation des messages sensoriels. Elle est également contrainte par l'action, simulation interne de l'action, jugement et prise de décision et anticipation des conséquences de l'action : il y a filtrage des informations données par les sens en fonction de ses projets propres »[66].

Nous nous rendons compte au fil de la pratique que sensations et perceptions se conjuguent au service d'une cohérence interne et que plus nous nous reposons sur notre corps qui sait, plus elles peuvent nous aider à transformer nos schémas acquis, nos représentations et les obstacles à la circulation de la vie en lui[67].

LA GRAVITÉ ET LA VERTICALITÉ

La gravité résulte de l'attraction terrestre et organise le mouvement des corps selon Newton. Elle correspond au principe de gravitation et d'interaction issu des quatre lois physiques essentielles qui régissent notre univers[68]. À notre échelle, cette force de pesanteur ainsi que son opposé centrifuge lié à la rotation terrestre constituent les référentiels inhérents à notre système nerveux pour organiser la posture verticale et la locomotion.

Effectivement, le corps humain se présente avec une certaine masse qui ne peut ni s'envoler ni léviter étant systématiquement projetée vers le sol. Il est équipé de telle façon qu'il puisse relever ce défi sans pour autant ni se rigidifier ni se figer. Pour cela, il bénéficie d'une architecture osseuse stabilisée et articulée par une colonne qui l'ancre au sol et l'érige vers le haut.

Par ailleurs, être incarné dans un corps d'un certain volume et d'une certaine densité est une donnée fondamentale et indispensable pour appréhender les appuis et la mobilité adaptés à la morphologie bipédique. Intrinsèquement,

66. Alain Berthoz, *Le sens du mouvement*, Éditions Odile Jacob, 1997.

67. Stéphane Drouet, thérapeute et spécialiste des neurosciences, fondateur de l'approche neuroquantique PEACE, conférence : https://www.youtube.com/watch?time_continue=5&v=QMuSuvt41I0.

68. Les quatre lois : interaction forte, interaction faible, électromagnétique et gravitationnelle.

les récentes découvertes prouvent que la présence des fascias et leur constitution en eau et en collagène constituent le liant tissulaire idéal pour optimiser l'interactivité des organes et des systèmes entre eux ainsi que leur plasticité tissulaire.

Dans la mesure où la terre est une sphère, se tenir debout implique que quel que soit l'endroit où nous nous trouvons, nous sommes reliés à son centre par une ligne dont la trajectoire se prolonge au-dessus, quelque part vers le ciel et vers une réalité qui nous dépasse. Or, issu d'un même centre, cet axe nous différencie pourtant d'autrui et nous redresse tout en nous singularisant.

Faut-il chercher un autre sens à la verticalité, figurant notamment dans le tracé de la croix ? En tant que symbolique d'union, d'opposition et de fusion, celle-ci nous indique un centre traversé par deux axes. Serait-elle l'analogie de notre position humaine, intermédiaire entre le bas et le haut, la terre et le ciel, l'inconscient et le conscient, le féminin et le masculin, le manifesté et le non manifesté, le temps et l'espace… ?

Toujours est-il que l'horizontale croise la verticale et que certains y voient le symbole de notre origine à la fois matérielle et immatérielle.

Une autre célèbre évocation de la verticalité est dessinée sur l'Homme de Vitruve par Léonard de Vinci. Cette image est remarquable par sa représentation parfaite et mathématique du corps humain, et aussi par son inclusion dans un système géométrique plus large et encore énigmatique, celle d'un cercle inséré dans un carré. L'auteur voulait-il suggérer une perspective transcendante et immanente[69] inhérente à la nature humaine ?

LES APPUIS

La définition des appuis du Larousse indique ceci : « Tout ce qui sert à maintenir quelque chose ou quelqu'un, à en assurer la solidité ou la stabilité ; support ». Une perspective plus abstraite permet d'ajouter qu'une personne peut s'appuyer sur elle-même et/ou sur quelque chose ou quelqu'un d'extérieur.

Cette acception suppose que deux éléments sont en interrelation, celui qui porte et celui qui est porté. Avec un peu de pratique, chacun peut apprendre à distinguer les sensations de son corps déposé sur tel support de celles qu'il ressent du support. Il en résulte un échange plus ou moins développé que nous travaillons en eutonie, notamment grâce au toucher et au contact, qui se différencient selon leur définition par GA.

69. Immanence est opposée à transcendance et désigne ce qui est contenu dans la nature d'un être, sans appartenir à un principe extérieur.

Avant la prise de conscience des appuis, nous ne réalisons que peu à quel point ils contribuent à la tenue du corps, à sa mobilité et à la mise en jeu de sa force. À quel point ils sont une opportunité d'ancrage et de lâcher prise y compris au niveau respiratoire. À quel point ils sont indispensables à la répartition harmonieuse du tonus, à une bonne coordination musculaire et articulaire ainsi qu'à une aisance de mouvement et d'action.

Une des démonstrations les plus pertinentes vient de l'observation de la « prélocomotion » chez le petit enfant qui utilise ses appuis dès qu'il cherche à se mouvoir, que ce soit pour se retourner, pour le quatre pattes ou se hisser sur ses pieds. Avec précision et justesse, il les investit pleinement et les expérimente méthodiquement comme s'il ne pouvait en être autrement, ce qui confirme bien leur nécessité mécanique.

Par la suite, il semblerait que la perception des appuis s'estompe au profit des multiples adaptations environnementales, relationnelles et sociales qui accaparent et détournent l'attention de l'enfant.

Personnellement, pratiquer l'eutonie m'a permis de disposer d'une meilleure stabilité et dynamique interne grâce à leur intégration. Je témoigne de la même évidence chaque jour pour les patientes qui constatent une amélioration de leurs symptômes, dès qu'elles prêtent davantage d'attention à leurs appuis.

LE MOUVEMENT

L'eutonie s'intéresse à l'apprentissage du mouvement coordonné et conscient et non au mouvement réflexe ou au mouvement automatique. Associé à une activité, un mouvement provient de la vitalité, des possibilités fonctionnelles et des envies du moment.

Son étude est un sujet central pour devenir eutoniste. D'une part parce qu'il met en jeu le tonus, et d'autre part parce qu'il entraîne le corps entier et sans dissociation, ce qui est loin d'être une évidence acquise, tant la plupart de nos mouvements se font sans présence et au détriment de la fluidité. Cette dernière suppose la fonctionnalité de telle et telle parties du corps afin qu'elles contribuent au mouvement avec un minimum d'efforts.

Ainsi, le mouvement « eutonique » développe une capacité à observer l'organisation naturelle du corps et à le libérer d'automatismes parfois parasites. Nous proposons dans ce but la pratique du « dessin » à partir d'un point précis du corps qui apporte au mouvement une note ludique, créative et indépendante du contrôle.

Selon Alain Berthoz, le mouvement résulte de compétences acquises grâce aux expérimentations passées : « Un très grand nombre de mouvements exigent une anticipation ou une extrapolation fondée sur une estimation utilisant les expériences antérieures (rôle de la mémoire) »[70].

Fondamentalement, son innocuité au niveau organique, respiratoire et musculo-squelettique nécessite sa réalisation en unité d'ensemble. C'est pourquoi la consigne est donnée d'encourager régulièrement les bâillements, les étirements et les soupirs comme des petits mouvements naturels qui contribuent au lâcher-prise, y compris dans la vie courante.

Il en découle une facilitation de l'action ainsi qu'une réduction des tensions et de la fatigue. En effet, plus le mouvement est fluide, plus il permet de discerner la zone corporelle à l'origine du mouvement de celles qui sont entraînées dans ce mouvement, sans enjeu de volonté ni de performance. C'est une des clés de sa réalisation avec le « juste » tonus, sachant que l'appréhension de l'espace extérieur y contribue aussi.

En général, mis à part les pathologies neurologiques, la perte de l'unité est due à des irrégularités toniques issues des différentes parties du corps et non du fait de l'action même. Ce n'est donc pas la contraction neuromusculaire mobilisée pour réaliser le mouvement qui est en cause, mais la manière d'être au repos et en action.

En RPP, dans un premier temps et avant sa réalisation spontanée, nos patientes passent par l'apprentissage du mouvement qui leur demande une attention soutenue sur l'accompagnement kinesthésique (sensation de mouvement des parties du corps) et moteur en cours. H. L. Teuber, étudiant la perception au sein de la neuropsychologie, conclut lui aussi que : « [...] Les progrès d'une physiologie du mouvement dépendent désormais du degré d'attention que nous serons disposés à apporter au contexte comportemental dans lequel le mouvement s'exprime »[71].

Ainsi, il favoriserait la mémorisation des informations[72], d'autant plus si l'attention est stimulée par des variations et des innovations, ce que nous encourageons régulièrement en eutonie.

Appréhender l'unité psychosomatique inhérente à toute activité est fondamental en RPP et seule la personne concernée peut s'y investir. Alors, nous constatons qu'à partir du moment où la mobilité du bassin s'est fondue dans celle de l'ensemble et que le tonus s'est équilibré, le périnée regagne de la légèreté et de la fluidité. Que ce soit de façon minimaliste ou intense, comme lors d'un éternuement, la force recrutée peut alors circuler librement sans

70. Alain Berthoz, ouvr. cité, note 66.

71. H. L. Teuber, cité par J. Paillard et J. Massion, *Comportement moteur et activités nerveuses programmées*, Colloque CNRS n° 226, 1974.

72. *Cf.* la méthode « Lernen in Bewegung » en allemand ou « apprendre par le mouvement » est un concept qui permet d'apprendre de façon ludique et en mouvement.

créer de poussée délétère, et sans qu'il soit nécessaire de contrôler le périnée par un verrouillage.

L'enjeu de ce travail est bien de développer une meilleure conscience du mouvement qui lui confère plus d'harmonie, et qui limite le risque de blocage et de pression. Je rejoins le point de vue D'Olivier Pauly qui affirme : « C'est le mouvement qui fait évoluer notre cerveau et non l'inverse, il est notre premier enseignant et le plus naturel »[73].

L'ÉQUILIBRE DE LA POSTURE AU COURS DU DÉPLACEMENT

La locomotion mobilise une certaine posture et nécessite une anticipation pour ajuster la précision, le rythme, ainsi que la direction du déplacement.

Le milieu ambiant constitue une des variables du déplacement selon qu'il a lieu dans l'eau, dans l'air, sur du sable, sur du plat, sur un chemin de montagne, etc. Quelles que soient ses conditions de réalisation, nous comptons sur le système nerveux qui assure l'équilibre, en partie grâce à l'oreille interne et la vision.

De plus, la symétrie du squelette participe à la stabilité du corps, de même que la portion cervicale. En effet, cette dernière soutient la tête et ébauche le fil à plomb de l'ensemble. Plusieurs études dont celle d'Alain Berthoz décrivent l'importance de la tête comme une « plate-forme de guidage »[74] au cours des déplacements, du fait de sa stabilité sur l'espace. En effet, dès l'âge de sept ans, il s'avère que la locomotion et la commande des mouvements sont organisées cérébralement non pas à partir des pieds jusqu'à la tête, mais à partir de la tête jusqu'aux pieds[75].

En réalité, l'association du temps et de l'espace inhérente à la définition du déplacement a révolutionné les connaissances en astronomie, notamment à propos de notre position terrestre par rapport à l'univers. En effet, depuis que Galilée et Einstein ont démontré la relativité du mouvement par rapport au temps et à l'espace, ces trois données ne sont plus considérées comme absolues et varient en fonction du référentiel utilisé[76].

L'évidence sur laquelle nous nous appuyons en RPP est que nous ne pouvons réduire aucun symptôme de la zone pelvi-périnéale sans aller vers une meilleure appréhension de l'équilibre, grâce à l'intégration des appuis et d'un axe intérieur.

73. Olivier Pauly, *Posture et coordination*, Éditions De Boeck supérieur, 2019.

74. A. Berthoz, ouvr. cité, note 66.

75. Sous la direction de Thierry Paillard, Posture et équilibration humaines, collect Postures, Équilibre & Mouvement, Éditions De Boeck Supérieur, 2016.

76. https://www.superprof.fr/ressources/scolaire/physique-chimie/resume-ps-6/2nde-2-ps-6/mouvements-relatifs-science.html
Le référentiel constitue le milieu au sein duquel le mouvement est étudié.

Les outils utilisés

L'INVENTAIRE

GA définit un inventaire comme une séquence de non-mouvement propice à l'observation des sensations et guidée verbalement par le praticien. Son intérêt pour le pratiquant est de faciliter l'intériorisation, de s'aligner sur le présent et de calmer l'activité mentale. Il est non exhaustif et non inductif, par définition. Il se réalise dans l'immobilité et suppose une installation propice, tout en restant concentré.

Un inventaire prend en compte les différentes parties du corps ou s'intéresse à une zone spécifique de l'ensemble, ce qui peut amener à détailler une sensation précise qui en entraîne une autre, etc. Il peut conduire à découvrir des informations inédites qui contribuent à un schéma corporel différent et à lâcher des tensions établies.

Pour viser ces objectifs, les formulations sont simples ; ne serait-ce que proposer à la personne d'explorer son corps posé au sol, avec ou sans objet intermédiaire, ainsi que la circulation de sa respiration comporte un intérêt, puisque ces données fluctuent avec le présent.

La neutralité et l'inspiration souhaitées de la part de l'eutoniste permettent d'adapter l'inventaire à la personne et à ses spécificités, sans volonté préconçue. Par conséquent, dans notre pratique, une trame type n'a pas de sens dans la mesure où l'inventaire doit rencontrer une patiente, son état du moment, son profil, son aptitude à l'investigation intérieure et son implication dans le travail en cours.

Au cours de l'exploration pelvienne, de précieuses informations méconnues jusque-là peuvent apparaître, parfois à la surprise de l'observatrice. Nous pouvons investiguer séparément la partie solide et la partie souple, pour appréhender la forme extérieure du bassin, ses contours, son épaisseur, son volume, sa densité, sa sensibilité, ses zones articulaires, son espace et son activité intérieurs, etc.

Un inventaire peut parfois conduire à un accueil plus subtil des sensations. Il est possible de s'intéresser à celles qui proviennent des mouvements intrinsèques du bassin et qui sont en lien avec la respiration, notamment pour la zone lombaire, sacrée et périnéale.

Précisons aussi qu'un inventaire pourrait se comparer sur certains points à une séance de relaxation, à la différence que la suggestion et l'imaginaire en sont exclus. Toutefois, canaliser son écoute sur l'activité interne du corps dans le but d'exercer son attention consciente est plus ou moins facile d'accès.

Retenons que cet apprentissage éveille et stimule une possible connexion à un espace apaisé et difficile à percevoir en dehors d'un climat intérieur favorable. C'est en cela que l'eutonie peut ouvrir une porte d'entrée à un état modifié de conscience susceptible de favoriser un meilleur équilibre, de la même façon que la sophrologie et la méditation dite « de pleine conscience ».

LA PASSIVITÉ CORPORELLE

La passivité ou la non-action vise la modification, voire « l'égalisation » du tonus, et elle facilite la pratique de l'inventaire, entre autres. Elle suppose de s'installer dans une position suffisamment confortable, maintenue dans l'immobilité si possible pendant une durée minimum de cinq à dix minutes. Elle invite à maintenir une présence à soi pour observer chaque sensation présente.

Dans le cadre d'une expérience à deux, elle se pratique lorsqu'un tiers mobilise passivement une partie du corps d'autrui, sans sa participation personnelle. Dans ce cas, elle nécessite son autorisation explicite et, de la part du thérapeute, une entière disponibilité. En effet, il est évident que rencontrer et être rencontré donnent lieu à un échange entre deux corps, entre deux personnes et deux êtres différents.

Des mouvements passifs stimulent et réveillent parfois des zones anesthésiées et/ou crispées qui se sont peut-être fermées suite à une situation non réglée, comme nous pouvons le constater au niveau de la zone pelvi-périnéale après un accouchement traumatique, une césarienne « non digérée », et après une agression et/ou de la violence subies. Force est de constater que les trois diaphragmes, sont porteurs d'un certain nombre d'empreintes et d'interdits, qui évoquent la vie de la personne au niveau psychique et émotionnel.

Plusieurs zones du corps peuvent se prêter à la mobilisation passive, notamment les membres supérieurs et inférieurs, la tête, le thorax et le bassin (*cf.* **exp. 29**, ci-dessous), dans la mesure où ces mouvements sont respectueux de celui qui les reçoit. La mobilisation des membres inférieurs et du bassin est parfois souveraine pour renouer avec une intimité et relâcher des résistances, en particulier au niveau périnéal.

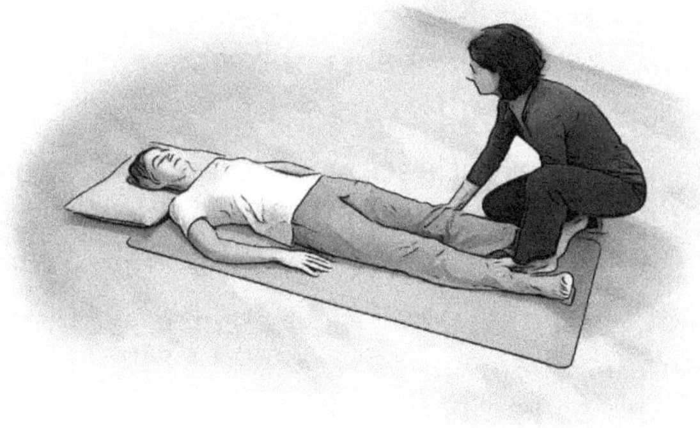

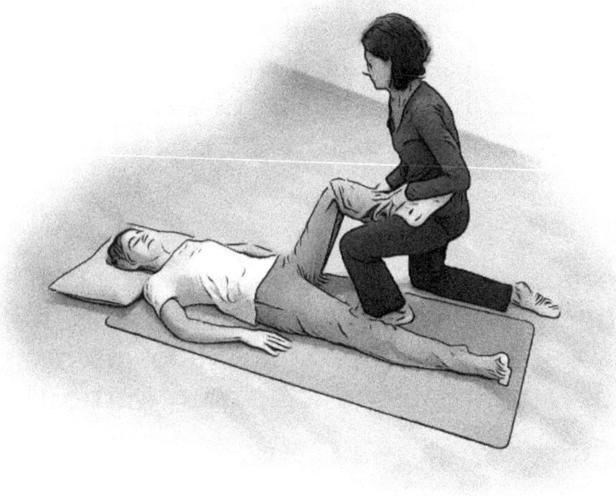

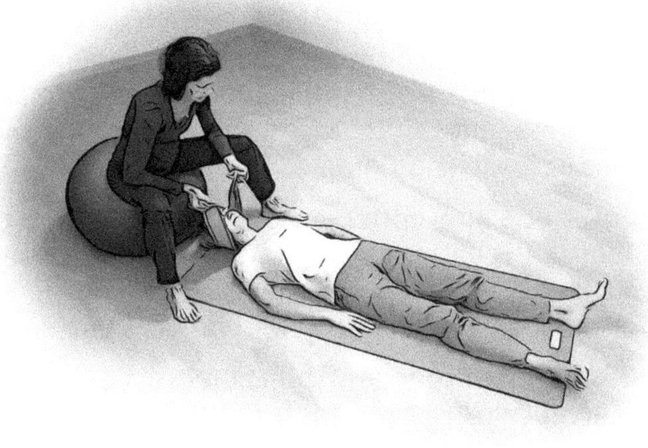

Cette passivité nécessite une présence attentionnée de la part de celui qui agit, et notamment au cours de la période prénatale, d'un suivi en sexologie ou d'un travail de rééducation uro-génitale. Au cas où elle réveille des peurs chez celui qui reçoit, elle peut aussi contribuer à les libérer si une confiance s'installe.

Je l'avais déjà souligné dans mon ouvrage sur la préparation à la naissance[77], cette investigation peut amener à desserrer le tonus de la zone abdomino-pelvienne chez une personne très sportive, dont l'habitude est de gainer plus ou moins sciemment la sangle abdominale.

Individuellement, il existe une autre façon d'explorer la passivité, notamment en l'alternant avec l'activité. Le fait d'engager une zone du corps intentionnellement l'amène à revenir spontanément vers la position initiale et le repos dès que la sollicitation prend fin. C'est le cas par exemple si nous relevons les orteils en direction du genou ; lors de la cessation d'action, le retour des orteils et du pied en position initiale se fait sans effort particulier. Combinant la commande de l'action puis sa cessation, ce genre de pratique est bénéfique au relâchement, lorsqu'une zone du corps est parasitée par des crispations sur lesquels le pratiquant n'a pas de maîtrise.

LE RÉFLEXE DE REDRESSEMENT (RDR)

C'est un des réflexes proprioceptifs que découvre l'enfant dès qu'il est confronté à la pesanteur du monde aérien et qu'il découvre sa tête dans le prolongement supérieur de son axe vertébral. Cette aptitude, inscrite dans l'évolution phylogénétique, nous rappelle au quotidien notre verticalité.

En position allongée, il est relativement aisé au corps de se laisser porter par le sol, mais il n'en est pas tout à fait de même en position debout. Il s'agit en effet de trouver le juste intermédiaire entre s'affaisser et s'ériger, même si le RDR va de pair avec un réveil des appuis et de l'axe.

Se redresser ne devrait pas être un effort en soi puisque notre structure physique est prévue pour cela, particulièrement grâce à la fonction tonique de la musculature. Pourtant, la gravité et son impact demandent une adaptation permanente du corps pour tenir le fil à plomb, tout en évitant les tensions et les désagréments.

Intégrer et s'approprier cet auto-grandissement suppose une circulation intérieure sans entraves. Quelle que soit la posture, la notion de circulation réflexe a incité GA à le nommer aussi « transport », puisqu'une force part d'une zone corporelle pour se diriger vers une autre.

L'eutonie nous propose un bon nombre d'expériences pour stimuler le RDR, et sa perception inscrite dans la mémoire corporelle proprioceptive (banque

77. Ouvr cité, note 38.

de données internes) permet d'organiser les postures du quotidien. Il sert alors de référence et de fondement au vécu d'une autre cohésion, garante de l'unité psychocorporelle.

Progressivement, la présence de ce réflexe amène la tenue musculaire à s'ajuster au niveau des zones traversées. Ainsi en RPP, une réduction possiblement durable des pressions sur le petit bassin peut s'installer, compte tenu d'un tonus différent. Finalement, cette recherche fondamentale en RPP favorise un enchaînement d'étirements musculo-tendineux bénéfique à l'équilibre global.

LE REPOUSSÉ

Repousser engage une action de résistance contre un support fixe. Repousser le sol implique d'exercer une pression avec une intention définie, une zone corporelle déterminée et appuyée sur une surface stable, de façon plus ou moins durable et intense. Par exemple en position debout, les plantes de pieds peuvent repousser le sol verticalement. De même en position allongée et les genoux fléchis, les plantes de pieds bien à plat peuvent repousser le sol verticalement ou horizontalement ou dans l'axe des mollets, et vers l'avant-pied ou l'arrière-pied, et plutôt avec l'intérieur ou l'extérieur du pied. L'indication d'une direction, d'un sens, et d'un point de départ sont des précisions qui déterminent le trajet et la conduction de la force produite. Cette pratique demande une action claire, mais aussi un composant extérieur (mur, sol ou autre) susceptible de renvoyer une force, dont la circulation dans le corps varie en fonction des paramètres prévus.

Observer la résultante de cette résistance présente un véritable intérêt, notamment par rapport à ses effets sur le corps, comment et jusqu'où ceux-ci se manifestent, dans le but d'influer sur le tonus, là où il est inadapté. Il en résulte que repoussé et transport sont complémentaires.

Alors, la participation du corps peut se limiter à sa plus indispensable expression et la tendance à la contraction volontaire de la musculature périphérique peut s'alléger. D'autre part, la pratique du repoussé peut recruter sélectivement certaines zones plus que d'autres et elle trouve une place de choix pour jouer sur le tonus, en fonction des situations et besoins.

En RPP, le repoussé apporte une aide précieuse pour libérer certaines crispations à l'origine de pressions sur le périnée mais aussi pour cibler sa participation tonique là où elle lui est salutaire, notamment dans une situation d'effort et/ou de trouble vésical tel qu'un besoin urgent d'uriner (*cf.* chapitre VI).

LE TOUCHER ET LE CONTACT

GA a formalisé le toucher et le contact pour développer et distinguer les perceptions développées à plus ou moins grande distance de soi. Ces deux notions impliquent l'aptitude de la sensibilité à percevoir l'intérieur et l'extérieur de soi. Les personnes formées à l'eutonie ainsi qu'à l'haptonomie[78] connaissent précisément les nuances propres à ces subtilités pour les avoir développées grâce à une écoute sensible.

Le toucher concerne la périphérie du corps et ses interactions proches. Il informe la peau et ses possibilités d'échange avec l'extérieur. En somme, il se résume à l'accueil d'informations superficielles.

Cela dit, il est évident que rencontrer une personne ne s'arrête pas au toucher de son enveloppe. L'approche de la personne qui « contacte » – l'approchant – est essentielle, et la distinction entre toucher et contact est loin d'être vaine. En effet, il s'avère que l'implication de l'approchant détermine l'accord ou le rejet implicites de l'approché, selon sa réaction tissulaire.

De ce fait, GA a introduit la notion de contact pour donner son unité à la personne touchée. Par le contact, il est possible de percevoir quelqu'un sans la nécessité de l'approcher ni de le toucher. En effet, nous pouvons appréhender l'environnement à partir de notre intériorité. C'est un phénomène existant normalement à l'état inconscient et ici, nous l'activons par la « pensée » directionnelle vers l'autre ou par l'action de sentir à distance de soi. Les animaux sont instinctivement doués de contact et de récentes découvertes sont en train d'identifier les mêmes dispositions chez les végétaux.

L'entraînement de ces facultés peut apporter une aide substantielle à la parturiente pour accompagner la douleur de l'accouchement lorsqu'elle s'y est préparée en amont et qu'elle bénéficie d'une présence extérieure suffisamment sécurisante. C'est ainsi que le futur père (le tiers) peut participer de façon déterminante à l'accouchement de sa compagne et à la naissance de l'enfant[79].

Ajoutons que le contact contribue aussi à libérer la respiration et à réancrer le corps notamment dans certaines situations où l'insécurité risque de nous couper de lui et de le figer dans un mécanisme de stress et de blocage. C'est une réaction typique lors d'une situation d'urgence mictionnelle et en RPP, nous verrons l'utilité et la pertinence de ce travail, notamment lors du « syndrome de la clé dans la porte »[80] (*cf.* chapitre VI).

78. Haptonomie ou science du toucher et du contact affectifs.

79. Ouvr. cité, note 37.

80. Cette situation du « syndrome de la clé dans la porte » indique qu'au moment d'insérer la clé dans la serrure, la vessie est stimulée et produit l'envie imminente d'une miction par automatisme cérébral. Ce réflexe provient d'une peur de ne pas arriver à temps aux toilettes.

Les tensions étant à l'origine de la plupart des symptômes de la zone pelvi-périnéale, l'application du toucher et du contact constitue une des ressources du traitement, dans la mesure où elle favorise un mouvement propice à davantage d'ouverture et de fluidité.

LE MOUVEMENT AVEC PROLONGEMENT

Le prolongement projette le mouvement dans l'espace et à une distance définie. Il part d'un endroit défini, se réalise autour de soi et il peut être le prétexte d'un « dessin » virtuel. Il entraîne donc un engagement du corps en amont, du fait de l'implication d'une zone et d'un axe corporels précis.

Ce mouvement en extension sollicite la fluidité et la légèreté du tonus. Même minimaliste, il procure une liberté dans les articulations sus et sous-jacentes du point d'origine et peut ainsi contribuer au relâchement d'une zone perturbée. C'est notamment un biais pour réintégrer celle qui serait dissociée de l'ensemble lors d'actions courantes, par exemple, la charnière sacro-lombaire qui est obligatoirement sollicitée dans la vie courante mais souvent à son détriment. À de rares exceptions près, cette situation provient d'un défaut d'ancrage et d'intégration des hanches (articulation entre les jambes et le bassin) et, de fait, d'un manque de présence intérieure.

Or en RPP, nous constatons souvent qu'un bassin peu mobile est associé à une restriction de l'espace abdomino-pelvien mais aussi à un trouble de la fonction pelvi-périnéale. En donnant la consigne par exemple de « dessiner » dans le prolongement de la pointe du sacrum, le côté ludique de l'exercice réveille la créativité, mais aussi entraîne les articulations du bassin ainsi que celles qui servent au prolongement. Cette invitation va bien au-delà d'un simple jeu divertissant puisqu'elle offre l'occasion d'un mouvement global qui, de plus, stimule la zone pelvi-périnéale.

Ce qui est recherché en eutonie, c'est la capacité d'adaptation tonique du corps à un mode de vie et à un environnement. De fait, tout ce qui peut favoriser la proprioception musculo-squelettique, respiratoire, circulatoire et organique est un plus pour parvenir à lâcher les pressions stagnantes.

Chapitre V

La pratique de la rééducation pelvi-périnéale par l'eutonie

Au cours des paragraphes suivants, des propositions corporelles sont abordées et leur description en fin d'ouvrage permet de concrétiser l'accès à la RPP. Que vous soyez en position de thérapeute ou de patiente, je vous invite à les pratiquer et à ressentir celle(s) qui est (sont) appropriée(s) pour vous et pour la situation présente.

Rappelons que l'eutonie ne se raconte pas mais se vit avec sa propre sensibilité et que les effets de chaque expérience en dépendent. La démarche demande d'expérimenter encore et encore pour en développer les finesses et les incidences.

Réduire les tensions et les irrégularités toniques

Comme la plupart des tensions ne sont pas conscientes, cette intention commence par le repérage des circonstances d'apparition des troubles. Force est de constater que l'inconfort et les désagréments corporels sont des opportunités pour mieux appréhender un problème.

L'investigation de l'eutonie permet de cerner l'origine biomécanique et comportementale d'un trouble pelvi-périnéal. Le quotidien devient alors un terrain d'observation et une source d'apprentissage pour soi-même.

LES CIRCONSTANCES D'APPARITION

Soulignons différents points relatifs à une étude de l'organisation et des attitudes posturales dans les situations les plus courantes :

- La position **assise** : rare est devenue l'utilisation du tabouret et du banc et nombre de personnes se tiennent assises grâce au dossier de la chaise ou du fauteuil, et sans l'aide des appuis. Malgré le confort apparent de l'assise sur le siège ou le fauteuil, le dos joue insuffisamment sa fonction tonique de redressement et a tendance à s'affaisser. Sa tonicité s'affaiblit, de même que celle de la sangle abdominale, et il se fatigue et se crispe plus facilement.

Or, un défaut postural plus ou moins permanent peut devenir le lit de perturbations en cas de sollicitation intense et/ou inattendue comme l'éternuement.

- La position **debout** : toujours en recherche, elle résulte d'une participation intermédiaire entre se tenir et se laisser porter. Elle est singulière à chaque individu et à sa maturation sensitivomotrice dont dépend le développement social, affectif et culturel. Ainsi, la posture est tributaire de l'image de soi, des représentations internes et du rapport à l'altérité. Elle sous-tend certainement aussi un archétype social, plus ou moins conscient, en rapport avec l'identité personnelle.

Naturellement, elle répond à une combinaison physiologique des muscles de l'extension et de la flexion, sachant que la participation antigravitaire des premiers prédomine. Pourtant, avec l'âge, et du fait de la sollicitation plus ou moins permanente des muscles posturaux, ceux-ci se rétractent et le corps a tendance à se tasser. Malgré cela, nous sommes équipés pour relever le défi de la pesanteur tant que nous mobilisons notre aptitude au « transport » ainsi que notre capital tonique et énergétique.

- La **marche** : elle est possible à l'aide de trois facteurs principaux qui sont le déplacement du centre de gravité du corps vers l'avant, l'extension du corps à partir du pied et les variations de tonus, inhérentes au transfert du poids du corps d'un pied sur l'autre. Dans l'optique d'un déplacement dans une direction précise, les différentes fonctions corporelles s'accordent au rythme de la marche.

Qu'en est-il du périnée au cours de la marche ? Il est ni plus ni moins qu'un élément dont le tonus varie avec la marche, au même niveau que l'ensemble, même si sa participation est discrète. Autrement dit, le périnée « marche », « respire », « danse », « chante », « joue », etc. puisqu'il est solidaire du corps. Le fait d'engager le bassin lors de toute modification d'appui contribue à le solliciter naturellement sans pour autant s'appuyer sur lui.

- La **course à pied** : une catégorie importante de femmes plutôt jeunes est en difficulté avec la pratique de cette activité, exercée avec plus ou moins d'intensité. Dans la plupart des cas, le problème est lié à un défaut postural et à une inadaptation de la dynamique intérieure et/ou de la respiration.

Le « contact » du pied avec le sol permet d'amortir l'impact du choc démultiplié par la vitesse (effet de compression), mais aussi de rebondir (effet de repoussé), pour propulser le corps en direction du haut et de l'avant. Ainsi, la souplesse articulaire de l'ensemble contribue à l'amortissement du poids du corps et à l'optimisation de la foulée.

- **Se moucher, tousser et éternuer** : ces trois actions peuvent entraîner une incontinence urinaire d'effort (IUE) si les forces en présence écrasent le petit bassin et ses organes, c'est-à-dire si la poussée est exercée sur la sangle abdominale (SA) et sur le périnée.

  Pourtant physiologiquement, si nous nous représentons le périnée comme un trampoline, il se comporte comme la toile du trampoline qui réceptionne et renvoie une charge vers le haut.

- Le **fou rire** : du fait de son irruption incontrôlable, le fou rire est une cause assez fréquente d'IUE, due aux à-coups produits sur la SA. Il n'y a évidemment pas lieu de le limiter, encore moins de le réfréner, mais de s'ancrer pour « transporter » la force intérieure vers le haut afin de rire « à gorge déployée ».
- **Se relever** : trouver le ressort et la légèreté pour se hisser en direction du haut demande d'utiliser la force des appuis et le transport à partir des pieds.
- **Soulever une charge** : avec un poids supplémentaire, le principe est le même à condition de placer l'objet le plus près possible de soi et d'impliquer la respiration, du fait que l'expiration favorise la remontée du corps et du périnée.
- **Porter une charge** : proche du centre de gravité, la charge est portée à partir des pieds afin de répartir son poids sur l'ensemble du corps et non aux dépens d'une partie, notamment du dos, de la SA et du périnée.

LA LOCALISATION DES TENSIONS

Succinctement, présentons les zones mises en évidence et impactées le plus fréquemment par des crispations qui affectent l'espace pelvi-périnéal.

ÉPAULES ET CEINTURE SCAPULAIRE (CS)

Nous rencontrons ces situations quand nous observons une épaule plus haute que l'autre, les deux épaules à la hauteur du cou, ou enroulées vers l'avant, ou au contraire exagérément tirées vers l'arrière. En effet, la partie haute du corps qui nous permet d'entrer en communication avec le monde extérieur peut être chargée d'une mémoire affective ancienne et lourde à porter.

Ces types d'attitude peuvent être liés à un conditionnement postural rigide chez d'anciennes ou actuelles sportives et danseuses, à une injonction passée telle que « Tiens-toi droite ! » ou à la contrainte d'un environnement oppressant, directif et manquant de bienveillance.

Elles peuvent aussi provenir d'une activité professionnelle qui demande une gestuelle répétitive et inappropriée, typiquement au niveau d'un ou des deux trapèze(s)[81] dans les métiers de l'informatique. C'est d'ailleurs dans un but préventif vis-à-vis de la posture que certaines entreprises de la région grenobloise ont équipé leurs bureaux de chaises ergonomiques ou « chaises ballon ».

BRAS ET MAINS

Même quand l'activité des bras et des mains se limite à une activité fine et minutieuse, telle que l'écriture et la couture, elle sollicite indirectement les zones d'appui du corps. Autrement dit, écrire et coudre requièrent la participation du bassin comme de l'ensemble.

COU, MÂCHOIRES ET NUQUE

En dehors des causes musculaires, articulaires, orthodontiques et autres, les crispations des mâchoires, du cou et de la nuque peuvent résulter de tensions émotionnelles et de stress. Elles peuvent entraîner un décalage de la tête par rapport à l'axe vertébral, une limitation respiratoire et se répercuter sur la posture ainsi que sur la fluidité des trois diaphragmes.

Dans ce cas, le traitement en RPP nous amène à explorer, après les trois diaphragmes, les attaches du péricarde et les muscles du cou dont les scalènes[82] et les SCOM[83] (*cf.* schéma p. 46 « Les principales interactions musculaires avec le périnée »).

DOS ET SACRUM

Comme nous l'avons déjà évoqué, les courbures du corps et celles du dos sont naturellement harmonisées à la posture, mais ces dernières peuvent se déformer et parfois nuire à l'équilibre pelvi-périnéal. En effet, l'équilibre global influence l'équilibre du bassin et inversement. D'où la nécessité de libérer les tensions vertébrales et pelviennes, notamment par les pelvi-trochantériens, les psoas et la zone lombaire (*cf.* schéma p. 46).

En pratique, une action aussi ordinaire que se brosser les dents, se baisser pour ramasser un objet au sol ou porter son enfant peut occasionner une poussée malencontreuse si le transport est défectueux.

81. Le muscle trapèze, en deux parties droite et gauche, recouvre les épaules et la moitié supérieure du dos.
82. Les scalènes sont trois muscles latéraux de chaque côté du cou.
83. Le SCOM ou sterno-cleïdo-occipito-mastoïdien est un muscle situé à la partie antérieure et latérale du cou.

ZONE THORACO-ABDOMINALE

Il n'est peut-être pas vain de rappeler que l'entrée d'air dans la cage thoracique permet de faire le plein d'énergie vitale destinée à chaque cellule de l'organisme. Les parois thoraciques procèdent aux échanges pulmonaires et disposent d'une certaine élasticité grâce au jeu des côtes animées par une musculature abondante, dont les intercostaux et le diaphragme.

Qu'elle soit d'origine mécanique, émotionnelle et/ou végétative, la limitation diaphragmatique restreint donc l'apport énergétique en impactant la ventilation pulmonaire mais aussi la souplesse des parois thoraciques et abdomino-pelviennes.

Rappelons que la liberté diaphragmatique peut être compromise par une restriction des attaches péricardiques et que de nombreux échanges circulatoires, respiratoires et organiques en dépendent. S'il est bloqué, le diaphragme respiratoire a tendance à rester en position basse et à appuyer sur le plexus solaire ainsi que sur les organes abdomino-pelviens.

SANGLE ABDOMINALE (SA)

Beaucoup de femmes pensent qu'un ventre rond, en dehors de la grossesse est disgracieux et qu'il est nécessaire de le rentrer. C'est par ailleurs un conseil encore donné dans certaines éducations sportives.

Or, nous avons évoqué précédemment la fonctionnalité de la sphère abdomino-pelvienne dont les parois interagissent entre elles. Plus précisément, une SA gainée a pour conséquence de restreindre plus ou moins l'amplitude diaphragmatique ainsi que la mobilité des zones pelvienne et lombaire en favorisant les pressions. Inversement, une SA exagérément distendue, notamment en cas de diastasis[84], peut impacter la statique pelvienne et favoriser la survenue de troubles uro-génitaux.

Au décours de la grossesse, les femmes ont besoin de renforcer la tonicité de leur périnée et de leur SA fortement mis à contribution avant et pendant l'accouchement. Dans une approche globale, il devient absurde de séparer la RPP de celle de la SA. Pourtant cela est pratiqué par la majorité des professionnels qui conçoivent la rééducation des deux zones, pelvienne et abdominale, de façon dissociée. À nous d'expliquer et d'initier les patientes à la réalité que l'une ne peut travailler sans l'autre.

84. Écartement prononcé des muscles droits de l'abdomen avec rupture de la ligne blanche qui sert de jonction entre les parties droite et gauche de la SA.

JAMBES ET PIEDS

Les jambes sont souvent dans un tonus élevé par défaut d'ancrage et de présence à soi. Ceci se produit notamment avec des genoux verrouillés qui contraignent la chaîne postérieure et la ceinture abdomino-pelvienne (*cf.* schéma p. 48).

Malgré son élégance, attention au port de hauts talons au quotidien qui peut insidieusement nuire à la forme des pieds et à l'équilibre global.

En considérant chacune de ces parties de façon séparée, nous pourrions détailler davantage l'impact de chaque restriction ou fixation mais ce n'est pas notre propos ici. Notre intention est de libérer les limitations et blocages perçus, mais aussi d'apprendre à engager le corps différemment en vue d'une amélioration des troubles présents.

À l'aide de cette brève description, nous voyons comment les pressions thoraco-abdomino-pelviennes peuvent entraîner une situation de périnée descendant qui peut évoluer à long terme vers celle de périnée descendu.

Découvrir le bassin et le périnée

Une rééducation périnéale passe par la nécessité de s'approprier la zone du bassin pour plusieurs raisons. Il se situe à l'intersection entre le bas et le haut du corps et sa statique est fondamentale à la fonctionnalité de l'ensemble. Dans la mesure où son organisation intérieure est liée à sa position, la dynamique du périnée en dépend aussi.

Il n'est pas rare que le bassin soit totalement ou partiellement absent du schéma corporel des patientes, d'où la nécessité de l'explorer et de s'y attarder suffisamment. Les représentations extérieures ne peuvent en rien les aider à l'investir. Comme nous nous intéressons à sa structure souple, à sa structure solide et à ses organes, un certain nombre de sensations peuvent coexister.

Ensemble et en fonction de la problématique du moment, nous explorons sa relation avec le haut et le bas, ce qui ouvre un champ de recherche assez conséquent. Une autre étape aussi indispensable consiste à chercher son rapport avec le périnée, non pas intellectuellement mais par le ressenti.

Après avoir vérifié que la patiente sait où le périnée se localise spécifiquement dans le bassin, il lui reste à ressentir sa présence. Comme il n'y a pas de voie toute tracée, nous privilégions l'activité ou la non-activité, en fonction du contexte. A fortiori lors de pesanteur et de pressions, nous choisissons des propositions de passivité corporelle qui favorisent l'installation du périnée en « décharge », c'est-à-dire libéré de la pesanteur, si la position horizontale est accessible à la patiente.

L'idée est de cheminer par étapes progressives jusqu'à ce que la patiente sente la région du périnée se libérer, entre autres par la perception de sa mobilité inhérente à la respiration.

À partir de là, nous évoluons vers la verticalité (assise puis debout), pour appréhender, en plus de sa position et de son étendue, son élasticité et sa participation tonique. La finalité étant de l'inclure dans le schéma corporel, les mises en situation d'effort ne se proposent que lorsque la patiente a suffisamment intégré les outils nécessaires à leur réalisation sans pression.

Pour cela, elle fait l'apprentissage de son équilibre postural et du jeu des forces circulantes que nous avons étudiés avec le transport. En fin de rééducation, la plupart des patientes perçoivent clairement, dans les actions du quotidien, la fonctionnalité et l'engagement musculaire du périnée.

Citons quelques expériences susceptibles de développer la conscience du bassin en RPP.

Passivement

— Position du trône renversé, **exp. 4**

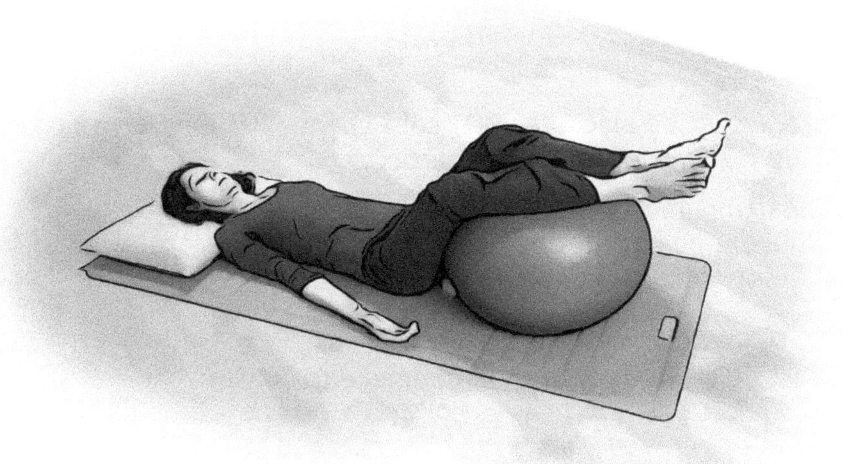

— Contact avec 2 balles de tennis (BDT) sous le bassin, **exp. 5**

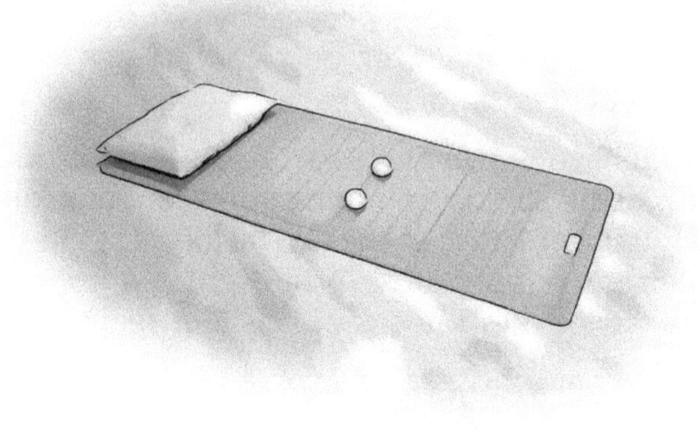

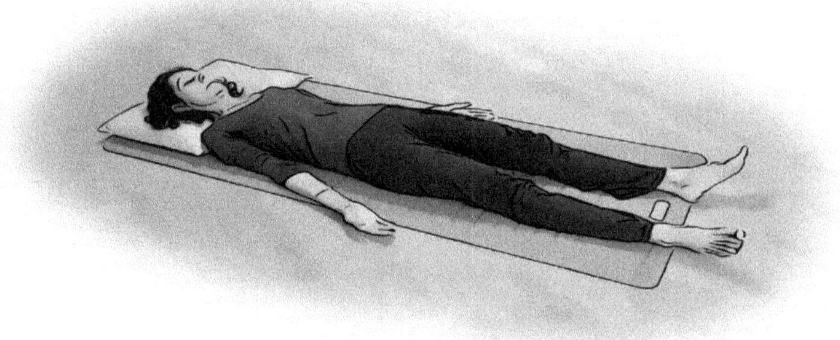

Il est intéressant de placer les BDT sous chaque ischions, ou en périphérie des ischions, ou de part et d'autre du coccyx.

En post-partum immédiat, ce travail contribue à rééquilibrer le sacrum et le coccyx qui ont pu être déstabilisés par l'accouchement, et avoir un impact sur l'état émotionnel de la patiente.

— Contact du sacrum par la sage-femme, **exp. 8**

Activement

— Résistance contre poussée en position du trône, **exp. 22**

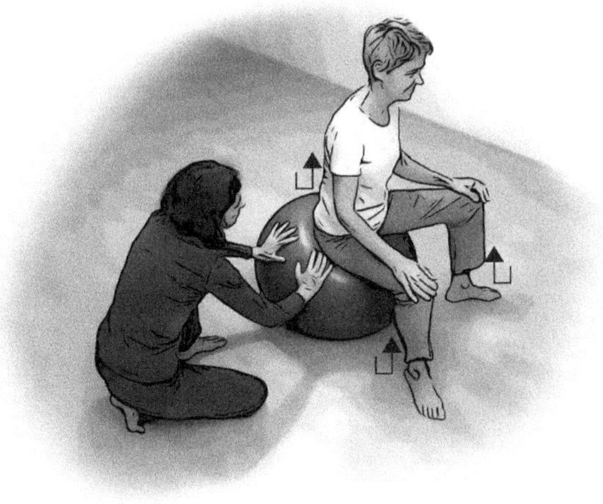

Cet exercice est très intéressant en tant que diagnostic en début de traitement pour le thérapeute mais aussi en tant qu'indicateur d'évaluation et d'évolution pour la patiente car il met en évidence la place du périnée et sa puissance relative au travail effectué.

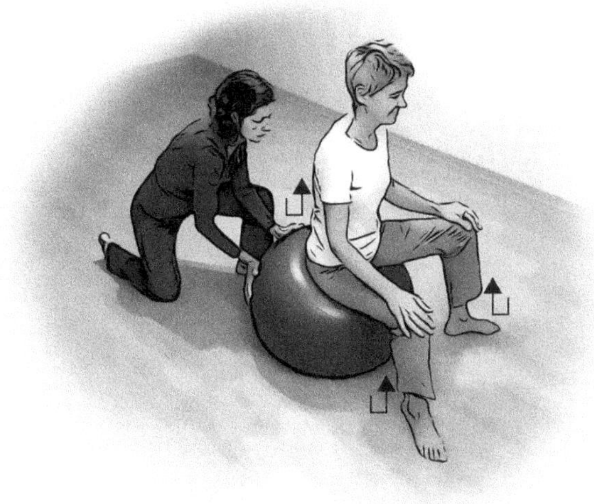

— Mobilisation du bassin dans les 3 plans, **exp. 13**

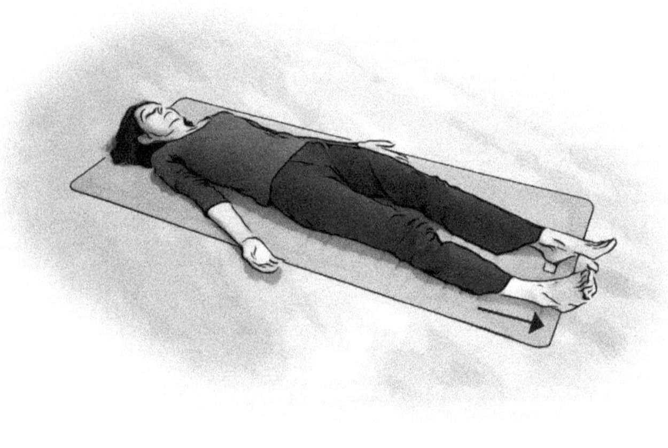

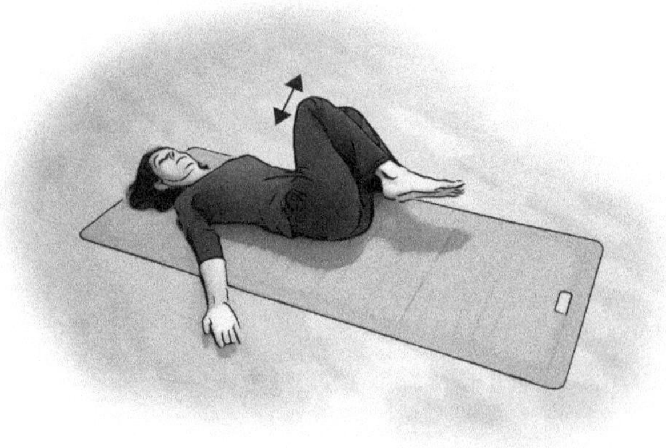

— Tapotement et exploration des parois du bassin avec une BDT, **exp. 9 et 10**

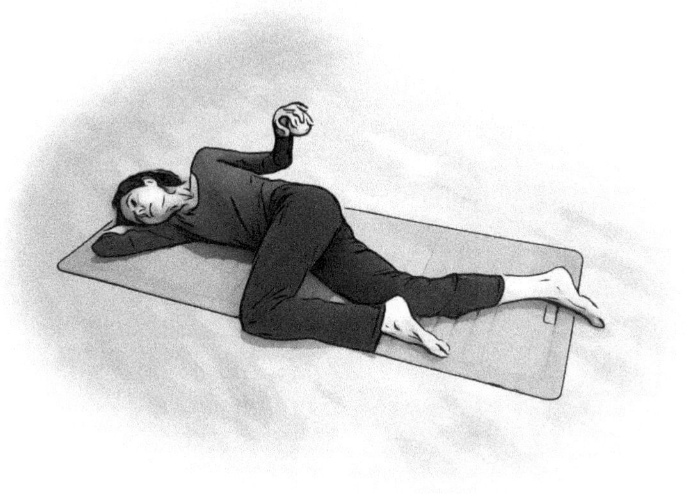

— Envergure dynamique, **exp. 12**

— Dessin à partir de la pointe du sacrum, **exp. 14**

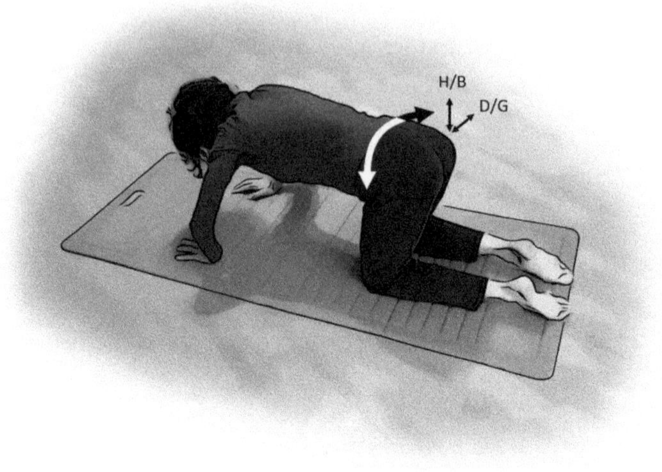

— Exploration en position assise sur une bûche, **exp. 19**

Équilibrer la posture globale par l'attention

Dans la mesure où l'ajustement postural engage une nécessaire tension, l'axe de la RPP consiste finalement à laisser le corps harmoniser le tonus de chaque moment et de chaque situation, indépendamment du contrôle. Il s'avère que c'est la trame commune à toute rééducation corporelle en eutonie.

En théorie, l'équilibre statique et l'ancrage recherchés correspondent à trois particularités mécaniques indissociables : la verticalité gravitaire, la présence du centre de gravité, la nécessité d'une base d'appui appelée polygone de sustentation, équivalente à la largeur du bassin entre les pieds.

Pourtant, un même déplacement peut demander une adaptation tonique différente, selon la morphologie et la souplesse de la personne, la situation et le contexte du moment. Ce que nous proposons à la patiente, c'est d'observer comment une « prise de terre » consciemment vécue lui apporte un équilibre momentané, qui optimise sa posture et la rend économique en termes de pressions.

Grâce à cette intégration qui s'affine chez elle de séance en séance, elle comprend dans son corps, que toute intervention volontaire sur la SA et/ou sur le périnée s'inscrit dans une logique qui non seulement nuit à la physiologie, mais aussi est sans effet à long terme, puisqu'elle empêche son fonctionnement unitaire.

Quoi qu'il en soit, accorder la même valeur à une information corticale agissant sur le corps qu'à une information corporelle agissant sur le cerveau est une confusion que GA a voulu clarifier. Cette distinction entre faire et laisser faire souligne que lorsque la présence intérieure est détournée, rien ne permet de changer les habitudes, ni de créer un nouveau réflexe.

Par conséquent, un palliatif tout prêt tel qu'une ceinture lombo-abdomino-pelvienne ne peut être que temporaire pour soulager un problème particulier et non une solution au long court. De même, renforcer momentanément la tonicité d'un sphincter à l'aide d'impulsions électriques est une approche insuffisante pour modifier les attitudes et comportements délétères du quotidien, dans la mesure où, un pan entier de la personne n'a pu enregistrer les repères liés à un autre fonctionnement.

En cours de traitement, nous invitons régulièrement la patiente à sentir et à exprimer son vécu du moment qui lui permet de mettre en évidence si le tonus est adapté ou non, pour elle.

En position debout, voici un exemple d'inventaire qui permet de souligner certaines précisions, non exhaustives, que nous indiquons ici zone par zone :

- Les pieds : leur placement, leur distance, leurs appuis, leur comparaison, l'équilibre procuré ?...
- Les genoux : leur état de tension, leur position, leur comparaison ?...
- Les jambes : leur degré de tension musculaire, leur position, leur lien avec les pieds, avec le bassin ?...
- Le bassin : sa position, sa symétrie, sa présence, en arrière, en avant, en profondeur, son espace intérieur, son confort, son lien avec les jambes, avec les pieds, avec le dos, les épaules, la tête ?...
- La zone lombaire : son confort, son lien avec le bassin, sa courbure ?...
- Le dos : sa position, sa tenue, ses courbures, son confort ?...
- La SA : son état de tension, son mouvement, sa respiration ?...
- Le thorax : sa forme, son volume, sa paroi antérieure, sa paroi postérieure ?...
- Les épaules : leur position, leur hauteur, leur poids, leur symétrie ou pas ?...
- La nuque : sa courbure, son confort ?...
- Les mâchoires : leur état, leur position ouverte ou fermée ?...
- Le cou et la nuque : leur position, leur confort, alignés avec l'axe vertébral ou pas ?...
- La tête : son port, sa position, son poids ?...
- La respiration : où et comment circule-t-elle ?...

Bénéficier des appuis pour s'ancrer et s'ériger

Après des milliards d'années d'évolution, nous nous sommes redressés et notre organisation bipédique a réduit les appuis de quatre à deux. Le défi de la pesanteur s'est alors affiné et complexifié, parallèlement à l'ajustement de nos capacités cérébrales, constamment évolutives.

Sauf exception pour ceux qui s'y sont entraînés, il ne nous est pas demandé de nous tenir sur un seul pied, comme certains oiseaux, pour lesquels c'est une position de repos. Cette boutade confirme que sans un minimum d'appui dans un univers où la gravité est incontournable, la tenue et l'ancrage sont périlleux.

Cela dit, la qualité des appuis provient aussi de la nature du support sous-jacent, qui garantit le soutien et la sécurité du corps. Effectivement, un support ferme offre davantage de stabilité qu'un support mou, bien que l'expérience des deux soit intéressante et suscite des sensations différentes.

L'ossature étant continue des pieds à la tête, un certain nombre de zones potentielles d'appui sont prévues et se déterminent par la position spatiale du corps. Les appuis les plus pratiques proviennent des pieds et de la zone inférieure du bassin, en particulier des ischions, et ils résultent de la pression exercée par le corps sur les surfaces de contact du sol, d'une chaise ou d'un autre support. En position assise, nous insistons sur les sensations en provenance des plantes de pieds (PDP) et des ischions, en position debout sur celles des PDP.

En somme, sentir ses appuis est une des bases de travail proposée en eutonie, et notamment dans la RPP pour réduire les sources de pression, du fait qu'ils génèrent un retour dynamique que l'on nomme transport[85] en eutonie. Cette force montante est fondamentale à découvrir lors des efforts qui occasionnent des fuites urinaires, notamment la course à pied, le saut, la toux et les éternuements.

D'où l'importance du confort des pieds et du choix des chaussures portées. Les podologues recommandent en effet d'éviter le port permanent des mêmes chaussures, a fortiori des baskets, qui peuvent contribuer à l'affaissement de la voûte plantaire. De fait, pendant les séances, nous retirons systématiquement les chaussures, quelquefois même les chaussettes, pour permettre aux pieds d'être en contact direct avec le sol. L'absence de chaussettes favorise une meilleure adhérence, indispensable pour expérimenter le transport, surtout si le sol est glissant comme un parquet ou un carrelage.

85. La notion de « transport » est expliquée dans le paragraphe sur le RDR (*cf.* chapitre IV).

En début de traitement, nous explorons systématiquement les zones d'appuis et leur répartition en position allongée (*cf.* chapitre IV) ; puis au fil des séances et de façon progressive, en position quadrupédique, en position assise, debout, au cours de la marche, vers l'avant, vers l'arrière, vers le côté, sur des obstacles de consistance et forme différentes, en montant les escaliers, en portant une charge, tout cela pour simuler les situations du quotidien.

Il s'avère qu'ils sont loin d'être acquis pour la majorité des individus et que rares sont les personnes bien ancrées dans leurs appuis debout. Fréquemment, ceux-ci portent davantage sur les talons ou sur l'avant-pied, sur les bords internes ou sur les bords externes, et quelquefois, ils prédominent sur un pied plus que sur l'autre. Quels qu'ils soient, ils influencent pourtant l'équilibre des jambes, du bassin et du corps entier.

Comme ils sont à la portée de tous, il est facile de les renforcer, ne serait-ce qu'en plaçant régulièrement son attention dessus. De surcroît, en vivre l'expérience quotidienne est une opportunité de se recentrer et de développer davantage de confiance en soi, à tout âge et en toute situation.

Stimuler les appuis en position debout et assise nécessitant une participation active, quelles sont les expériences qui peuvent les mettre en évidence ?

– Position assise sur un gros ballon (position du trône) ou sur une chaise, **exp. 20**

– Station debout avec une balle de tennis (BDT) ou un petit bâton sous chaque PDP, **exp. 23**

– Marche sur les BDT, **exp. 24**

– Transfert du poids du corps d'un pied sur l'autre, **exp. 27**

– Marche consciente, **exp. 28**

– Exploration du dos et du thorax avec ballon roulant contre le mur, **exp. 33**

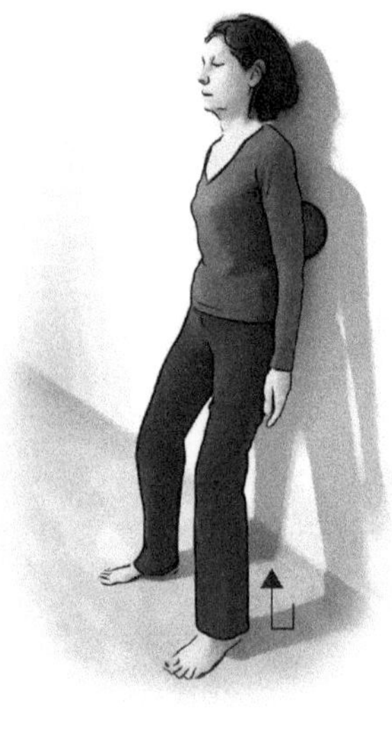

Fluidifier la respiration

Du fait que la respiration est un acte nourricier et autonome, plus elle est fluide, plus elle pourvoit aux besoins du corps du moment présent, quelle que soit l'activité en cours. La RPP en eutonie vise la coordination des différentes zones respiratoires afin que les trois diaphragmes s'harmonisent et que le périnée retrouve sa fonctionnalité.

Force est de constater que bon nombre de femmes sont convaincues de ne pas savoir respirer, même si elles ignorent le lien entre leur difficulté respiratoire et leur(s) symptôme(s).

Dans la pratique de la RPP en eutonie, l'accent mis sur l'observation de la respiration permet de repérer comment et où elle circule, de façon à libérer les zones qui l'entravent et à la fluidifier autant que possible. Une absence de bâillement peut en être un indice.

Même si nous ne nous en rendons pas compte, les crispations respiratoires sont très fréquentes, le mouvement du diaphragme respiratoire étant étroitement corrélé à l'état de stress, à l'état émotionnel et à l'état d'esprit. Étant donné la sensibilité « végétative » des trois diaphragmes, nous pouvons nous représenter l'impact de nos états d'âme sur eux, aussi bien en termes de bénéfice que l'inverse.

L'interaction des trois diaphragmes permet d'appréhender l'étendue du champ d'exploration corporel susceptible d'agir sur la réduction des pressions thoraco-abdomino-pelviennes afin que l'espace abdomino-pelvien récupère sa fonctionnalité. De plus, nous ne saurions résoudre une problématique pelvienne sans raccorder le flux respiratoire à la zone pelvi-périnéale.

Libérer les pressions pour remédier aux symptômes

Agir sur les pressions suppose que nous aidions la patiente sujette à des troubles de la sphère pelvienne à percevoir quand et comment elle pousse en direction du bas. Même inconsciemment, les blocages peuvent s'exercer de façon systématique et ancienne, d'autant plus intensément lors d'un effort.

Il s'avère en effet qu'un bon nombre de symptômes sont causés par des comportements habituels vécus machinalement. Il n'en reste pas moins que leur répétition est loin d'être anodine à la longue. Bien que les pressions se soient produites sans conséquence apparente pendant une certaine période, le premier constat de fuite est le signal d'un dysfonctionnement et non d'une fatalité due à un accouchement ou à l'arrivée de la ménopause.

Rappelons que le réflexe de redressement (RDR) est à la posture ce que le langage est à la parole. Son expérience est une des plus probantes vécues en RPP du fait qu'elle entraîne un remaniement du tonus, sans intervention de la volonté. La réinitialisation posturale qui se produit permet à la statique et aux pressions de s'alléger et, il invite les patientes à revisiter les acquisitions nécessaires à la bipédie.

Pratiquer les efforts sans risque

Les efforts sont tout à fait compatibles avec la physiologie dans la mesure où ils respectent la dynamique intérieure, même en prenant de l'âge. Dans une pratique ergonomique, les forces circulantes – vers le bas et le haut – augmentent avec l'activité journalière, même lors d'un petit effort, ne serait-ce que ramasser au sol un objet léger.

Quant aux pratiques sportives, elles engagent une puissance supplémentaire mais sans perte d'unité tonique. L'enjeu est d'impliquer l'ensemble du corps, comme dans toute activité, afin de la réaliser aisément, à la mesure de ses possibilités, et sans dommage.

Or, sans effort particulier, certaines patientes sont déjà sujettes aux fuites urinaires. Toutefois, de plus en plus de femmes se plaignent de pertes en cours d'effort, notamment pendant le jogging, la pratique du trampoline, ou lors de fous rires, de toux et d'éternuements. Ces incontinences urinaires d'effort (IUE) s'expliquent par le fait que l'effort produit une poussée anormale sur la sangle abdominale (SA), poussée qui se répercute sur le petit bassin et surcharge la zone sphinctérienne.

Nous avons évoqué comment les actions les plus courantes engagent une synergie neuromusculaire impliquant le périnée et le corps entier. Ce n'est manifestement pas ce qui se produit en situation de fuites où la force en direction du haut a perdu sa fluidité.

Souvent multifactorielle et s'exprimant à divers degrés, la raison du problème est à chercher avant tout dans trois directions : blocage respiratoire, défaut d'appuis et déséquilibre postural.

Nous y remédions en RPP en expérimentant comment un automatisme peut évoluer vers un mécanisme plus sain grâce à l'apprentissage des outils décrits dans le chapitre précédent et mis en application dans les deux suivants.

Exercer la confiance en soi

Grâce à l'évolution de ses perceptions et de ses symptômes, la patiente prend conscience des représentations qu'elle entretient au sujet de son périnée : une confiance en lui, en sa solidité et sa résistance aux efforts, ou a contrario une peur, à propos de sa fragilité, de la cicatrice, des symptômes présents, de la douleur, de l'intimité sexuelle…

Quoi qu'il en soit, l'introspection proposée en eutonie est souvent génératrice d'apaisement dans la mesure où une simple sensation ignorée l'instant d'avant peut transformer à la fois le tonus et l'état d'esprit.

Rappelons qu'un travail d'enracinement (d'ancrage) va de pair avec le développement d'un axe et d'un positionnement plus juste ainsi que d'un autre regard sur soi et l'autre. Marian Kjellrup, eutoniste [86] affirme : « […] Nous pouvons en déduire que nos réactions corporelles - à condition d'être correctement interprétées – nous renseignent sur l'état de notre psychisme ».

Hypothétiquement, les symptômes de la sphère pelvienne peuvent parler de peur d'envahissement, d'impuissance à trouver sa place et de dévalorisation. Toujours est-il que la pression intérieure est trop forte et qu'il est temps de la relâcher pour bénéficier d'une autre gestion intérieure.

Au fur et à mesure que le praticien se met en résonnance avec la patiente, il lui offre des voies de recherche et des outils pour remédier aux sources de perturbations. Ses propositions sont d'autant plus facilement acceptées par la patiente qu'elle commence à trouver des réponses qui fonctionnent dans la vie courante. Chaque petit pas vers une amélioration lui apporte un soulagement et davantage d'assurance.

Même chez une personne qui s'en croit dépourvue, la confiance s'acquiert et se développe « brique à brique », grâce à une meilleure présence qui génère d'autres ressources. Ainsi l'évoquait GA : « C'est le chemin d'une prise de conscience de soi qui passe par une complète confiance, ou foi, envers les êtres humains et toutes les manifestations de la vie »[87].

L'unité corps-esprit en constitue les fondations tandis que la présence « sensible » est le fil conducteur que chaque patiente peut dérouler à son rythme.

86. Marian Kjellrup, *Vivre en harmonie avec son corps par l'eutonie*, Éditions Dangles, 2002.

87. Ouvr. cité, voir note 17.

Se relier à soi et à l'environnement

Plus que jamais, nous découvrons que la vie de la Terre et sur la terre nécessite une reconnaissance et un engagement pour la préserver. Considérer notre responsabilité vis-à-vis de la terre, de la nature et de l'ensemble des êtres vivants, est une évidence, en tout cas aux yeux de certains. Voici le témoignage de GA : « À cet égard, il faut rappeler que chacun, par son comportement, influence physiquement et psychiquement, son entourage. Notre comportement reflète en effet notre inconscient et réagit sur l'inconscient des autres qui, à son tour, induira un changement de leur comportement ».

Actuellement, l'épidémie de COVID-19 qui impacte l'ensemble des humains peut nous interpeller sur une problématique relationnelle. Avons-nous pris soin du lien à nous-mêmes et du lien à l'autre, dans un monde de plus en plus virtuel où, malgré l'hyper technologie, les défis planétaires et les pressions sociales s'intensifient ?

Manifestement, l'impasse qui nous guette confronte l'humanité entière à une remise en question de ses points de vue et de ses priorités, afin de les réorienter vers l'essentiel pour soi et pour l'ensemble.

L'investigation psychologique permise par l'eutonie nous enseigne que la relation à l'autre n'est autre que le miroir extérieur de la relation à soi. D'où la nécessité de s'intéresser à ce qui se passe en soi, pour rencontrer ce que nous cherchons vainement à l'extérieur. À ce propos, voici ce qu'en dit Marie Claire Guinand, eutoniste suisse : « Il s'agit pour l'élève d'apprendre à reconnaître et à vivre sa réalité extérieure et sa réalité intérieure comme deux aspects d'une seule et même chose et d'établir ainsi une relation responsable avec lui-même et son entourage »[88].

Alors que la physique quantique démontre que l'humain est capable d'influencer subtilement le cours des événements, tant en lui qu'autour de lui, n'y aurait-il pas de quoi se questionner sur le bien-fondé et la justesse de certaines observations scientifiques à partir de phénomènes exclusivement « rationnels », dans le domaine médical en particulier ? Notre santé est-elle exclusivement liée à ce que nous « faisons » ou pas, aux molécules et aux conseils que nous assimilons ? Notre manière d'être n'y contribue-t-elle pas pour une part importante ?

Par son invitation à davantage de conscience corporelle, GA a souhaité que l'eutonie s'inscrive parmi les voies de libération et de transformation

88. Marie Claire Guinand, *L'eutonie de Gerda Alexander à la lumière de la psychologie de C. G. Jung*, Travail de diplôme pour l'école Gerda Alexander, 1969.

intérieures pour accéder à d'autres ressources de soin. Dans un monde ultra-connecté comme le nôtre, où tout bouge et change à tout instant et à toute allure, il est d'autant plus indispensable de se référer au corps et à ses rouages de fonctionnement pour améliorer la santé au niveau individuel et collectif.

Une pratique de l'économie

Le mot économie met en avant « l'organisation des éléments et des parties d'un ensemble[89] » ainsi que la manière dont sont distribuées les parties. Autrement dit, il est question d'économie quand un système se met au service d'un fonctionnement adapté et équilibré.

Apprendre à utiliser son corps de façon économique correspond à cette logique et c'est précisément l'enjeu du travail en eutonie. Alléger la posture pour réduire les fuites urinaires équivaut à se tenir de la manière la plus avantageuse et la moins dispendieuse possible en énergie. De même, se mouvoir avec le minimum d'effort contribue à limiter les pressions sur le petit bassin. En pratique, lorsqu'une action est réalisée avec le tonus juste, la force déployée et la respiration sont adaptées.

C'est grâce à cette loi d'économie que l'apprentissage de la RPP en eutonie remédie à une bonne partie des problématiques de la zone pelvi-périnéale. Les activités et les efforts courants peuvent ainsi s'effectuer sans entraîner de dommage.

À la lumière de ces différentes considérations, nous proposons dans le chapitre suivant, un accompagnement des différents troubles de la zone pelvi-périnéale de façon à guider chaque patiente vers ses propres réponses.

89. Définition Larousse, https://www.larousse.fr/dictionnaires/francais/%C3%A9conomie/27630.

Chapitre VI

La prise en charge des principales pathologies de la sphère uro-gynécologique en eutonie

Les femmes savent d'instinct que l'exploration du périnée et de leur intimité n'a rien d'anodin :

- C'est explorer des perceptions à partir de sensations inédites
- C'est se rapprocher de soi à l'aide d'informations corporelles
- C'est développer plus de fidélité à soi-même
- C'est renouer avec une identité ignorée et se dépouiller d'un héritage passé.
- C'est bâtir une autre image de soi à partir de données méconnues et refoulées
- C'est s'appuyer avant tout sur soi au lieu de chercher sa sécurité à l'extérieur

Prendre en charge un symptôme

Contrairement à nos pratiques médicales habituelles, la sage-femme formée en eutonie n'est pas censée « prendre en charge » une patiente, ni sa (ses) pathologie(s) puisque, sans le tandem soignant-patiente, le cheminement est impossible. Il nous appartient d'expliquer à toute patiente que dans cette démarche, elle dispose intérieurement des moyens et des solutions qu'elle est venue chercher auprès de nous bien qu'elle l'ignore.

A fortiori en eutonie, l'atténuation d'un symptôme n'est pas le résultat d'une action ou d'un geste à proprement parler. Le corps peut fonctionner autrement lorsqu'il est déchargé de certains conflits et qu'il y a changement d'attitude corporelle et d'état d'esprit. Dixit GA : « [...] Chaque changement de conscience agit sur l'ensemble des tensions. [...] On comprend dès lors qu'en agissant sur la tonicité on puisse agir sur l'ensemble de l'être humain »[90].

90. Ouvr. cité, note 36.

En relation avec un symptôme, les états d'âme sont de précieux indicateurs de pensées, d'émotions, de peurs et de blessures, le plus souvent ignorées. Tout signal en provenance du corps est susceptible de nous informer sur la vie intérieure, plus ou moins accessible autrement.

Ainsi, un symptôme est à considérer comme un allié précieux et non comme un ennemi. Christian Flèche, spécialiste du décodage biologique parle ainsi du symptôme : « Il indique précisément l'origine du trouble et permet donc d'agir à la racine »[91].

Ce travail ne résout pas toutes les problématiques, l'introspection psychologique n'étant pas le rouage central de notre cadre ni de notre accompagnement en tant que sage-femme. Elle est malgré tout agissante comme dans toute approche d'investigation intérieure.

Faire changer les choses suppose de reconnaître les tensions, de les assumer et de s'investir intérieurement pour qu'elles évoluent vers de nouvelles capacités. N'oublions pas que chaque sensation peut aiguiser la curiosité et conduire vers une organisation différente qui a pour effet immédiat de décharger le petit bassin en RPP.

Cela dit, la position du professionnel formé à l'eutonie est d'aborder le symptôme sans a priori ni idée reçue, avec un regard neuf et comme si la situation était nouvelle ! Cette attitude favorise la neutralité et privilégie la disponibilité plutôt que l'interprétation. Elle laisse en tout cas la place à la créativité et à la personnalisation du traitement.

LE PRONOSTIC D'UN TROUBLE DE LA ZONE PELVI-PÉRINÉALE

Un trouble apparaît dès qu'il y a plainte, gêne ou manifestation symptomatique venant de la patiente. Mis à part le prolapsus dont le stade d'avancement et l'ancienneté sont à prendre en compte au cas par cas, la plupart des troubles de la sphère pelvi-périnéale peuvent régresser, ou tout au moins s'améliorer.

Comme dans n'importe quelle pathologie, la subjectivité fait partie intégrante de l'expression du problème, plus ou moins bien vécu et assumé. En amont du symptôme, un certain nombre de sujets peuvent se profiler, voire s'évoquer, notamment le contexte de vie psychologique, affective, sexuelle, familiale et professionnelle de la patiente, ses traumatismes plus anciens, etc.

Dans notre cadre, même si les professionnels sont habitués à écouter entre les mots et les silences d'une patiente, leur travail est de lui permettre de faire des liens entre son symptôme et son être, dans le but d'une amélioration

91. Christian Flèche, *Mon corps pour me guérir, décodage psychobiologique des maladies*, Éditions Le Souffle D'Or, 2002.

durable du(es) trouble(s). Aussi simple que cela puisse paraître, la sensation est invariablement le fil d'Ariane, quel que soit le tableau brossé par la patiente.

Après toute expérimentation, nous nous intéressons aux effets présents : vont-ils en direction des mêmes perceptions, du même état intérieur, de la même posture, de la même respiration, de la même pesanteur, de la même gêne, etc. ?

Rares sont les personnes qui sont à ce point distanciées d'elles-mêmes qu'elles ignorent ou dénient les petits changements qui découlent d'une expérience corporelle, ne serait-ce que la survenue d'autres appuis, d'un autre confort, d'une statique différente voire d'un autre petit indice.

Dès la première prise de conscience de la patiente en faveur d'une évolution, une nouvelle dynamique a tendance à s'auto-perpétuer dans la mesure où un mieux-être réduit le blocage qui lui-même réduit le symptôme. Plus ce dernier est ancien, plus il peut requérir du temps et de la persévérance pour régresser, dans la mesure où une attention et une stabilisation du psycho-tonus y contribuent. Mais dès le pied posé dans le cercle « vertueux », la patiente se motive pour poursuivre, d'autant que d'autres bénéfices inattendus surviennent.

Enfin, nous ne pouvons qu'encourager la pratique d'une activité physique régulière, notamment la marche pour ses bienfaits sur la santé. Les professionnels de la rééducation sont unanimes sur le fait que la sédentarité et la surcharge pondérale au long court contribuent à l'apparition de troubles pelvi-périnéaux parmi d'autres.

Toujours est-il qu'en eutonie, un symptôme trouve une réponse systémique, et la position d'expérimentation et d'accueil de ce qui se passe est en soi favorable à son évolution. En incluant l'organe dans la fonction, la fonction au sein des fonctions voisines et de la globalité, la gestuelle peut davantage s'accorder et s'ajuster aux possibilités du schéma corporel.

LES CHANCES ET LES POSSIBILITÉS DE GUÉRISON DES PATIENTES

La progression d'une patiente est personnelle et imprévisible car dépendante de ses acquis, de ses ressources et de son contexte de vie momentané. Sans oublier que le traitement est favorisé par une nécessaire mobilisation intérieure au profit d'un autre fonctionnement.

La question légitime que peut se poser la personne concernée en toute connaissance de cause est : cette approche est-elle adaptée pour moi ? La réponse lui appartient et seule l'expérience peut la lui fournir, à défaut de la connaître d'avance. Si elle doute de la pertinence de l'approche tout en étant tentée d'essayer, il est toujours possible de l'interroger sur sa motivation à poursuivre après une à deux séances, et éventuellement d'opter pour un autre travail, sans pour autant conclure à un échec, car une graine a été semée. Comme le dit ce proverbe : « Il n'y a pas d'échec sauf à ne pas avoir essayé ».

Pour aider la patiente à plonger dans sa recherche et à y croire, nous la rencontrons dans sa singularité. Nous nous adaptons à ses souhaits, son âge, ses troubles, ses besoins, ses dispositions physiques, cognitives et sensitives. Entre celle qui est présente à son corps, en capacité d'identifier ce qui se passe en elle et à le nommer, celle pour qui la verbalisation est difficile (manque d'habitude ou parfois langue étrangère), celle qui manque de confiance en elle, celle qui est chargée de représentations extérieures, celle qui a tendance à fuir l'intériorité, celle qui s'interdit de sentir, celle qui intellectualise ses sensations plutôt que de les accueillir, celle qui enchaîne les rééducations sans oser se pencher sur elle, celle pour qui le contexte de vie actuel est incompatible avec une écoute intérieure, large est la palette. À nous de reconnaître chaque patiente comme elle est, et de l'accompagner pas à pas.

Dans une démarche thérapeutique, la verbalisation des sensations permet non seulement le chemin de la patiente, mais aussi la guidance du praticien en lui permettant d'ajuster et de préciser ses consignes. De plus, accepter de ne pas interpréter ni d'anticiper la suite sont des clés pour l'un comme pour l'autre. Gandhi l'a souligné ainsi : « La fin est dans les moyens, comme l'arbre est dans la graine ».

Étant donné l'éventail sensoriel, rappelons-nous que toute sensation a sa raison d'être et qu'aucune n'est fausse, bonne ou mauvaise, sachant qu'un jugement ou une idée préconçue sont préjudiciables au cheminement de la patiente, à l'image de son unicité et de sa sensibilité. Ceci est d'autant plus vrai que la zone du bassin porte les fondations de son identité, de ses résistances mais aussi d'une certaine vitalité.

Quel que soit le tableau initial, la personnalisation du travail est la base d'une RPP. C'est donner à la patiente les chances de cerner la causalité intérieure de son (ses) symptôme(s). C'est lui permettre de découvrir et d'ajuster son organisation corporelle au sujet de laquelle elle ne s'est peut-être jamais interrogée. Enfin, grâce à l'intérêt porté à son intériorité, c'est lui proposer des ressources bénéfiques à sa respiration et à son confort général.

Au demeurant, aucune compréhension intelligente des mécanismes et possibilités du corps ne rejoint l'expérience réelle du corps. Les spécialistes en santé psychocorporelle le savent si bien qu'ils utilisent les ressources du corps pour accompagner les problématiques identifiées, en particulier celle du vaginisme[92] rencontrée dans nos consultations de sage-femme. C'est aussi le cas des sexologues et des praticiens de l'association SVS ou « Stop aux violences sexuelles »[93], qui accompagne les femmes victimes de traumatismes d'origine sexuelle, viol, inceste, abus, ainsi que leurs conséquences.

L'accès à une respiration plus libre

Comme nous l'avons déjà évoqué aux chapitres I et V, il n'est pas si simple d'accompagner la respiration pour qu'elle trouve sa liberté de mouvement, dans la mesure où elle dépend d'autres facteurs sur lesquels nous n'avons pas de prise directe. C'est pourquoi GA nous invite à agir sur le tonus.

Ce qui suit est une présentation des étapes possibles pour accompagner les pathologies dans le cadre de la RPP. Notons qu'elles sont illustrées de propositions qui ne se veulent ni exhaustives ni à suivre comme des recettes.

92. Le « vaginisme » désigne le blocage de l'entrée vaginale liée à une contracture des muscles périnéaux.

93. SVS est une association née en France en 2013 dont la présidente est Violaine Guérin et qui a pour vocation de lutter contre les violences sexuelles, y compris sur mineurs.

HARMONISER OU RÉGULARISER LE TONUS

Passivement

– Détente par l'inventaire, **exp. 1**

– Modelage du corps avec un ballon en mousse par un tiers, **exp. 7**

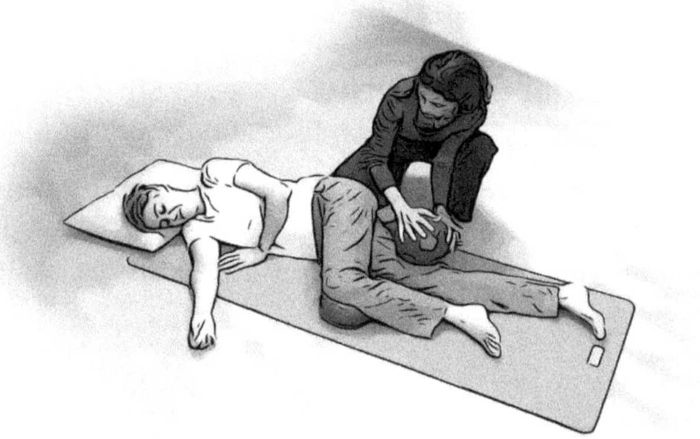

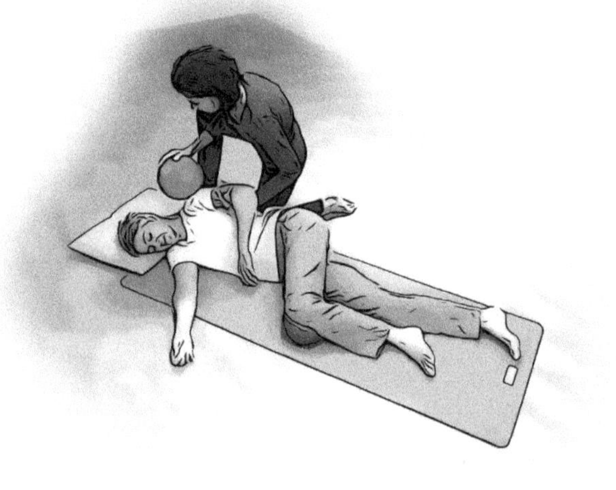

– Mobilisation passive d'une jambe et du bassin par un tiers **exp. 29**

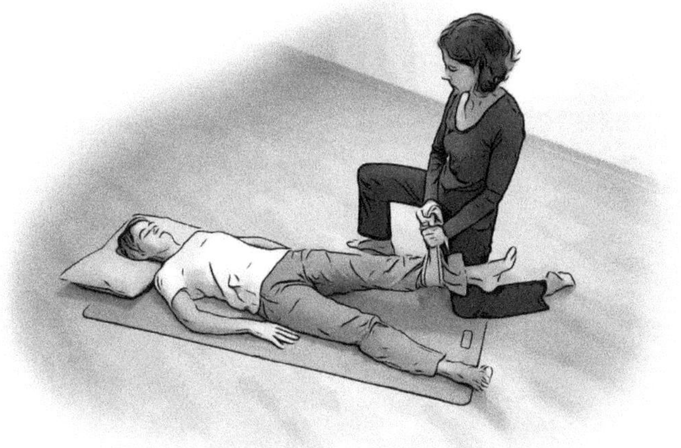

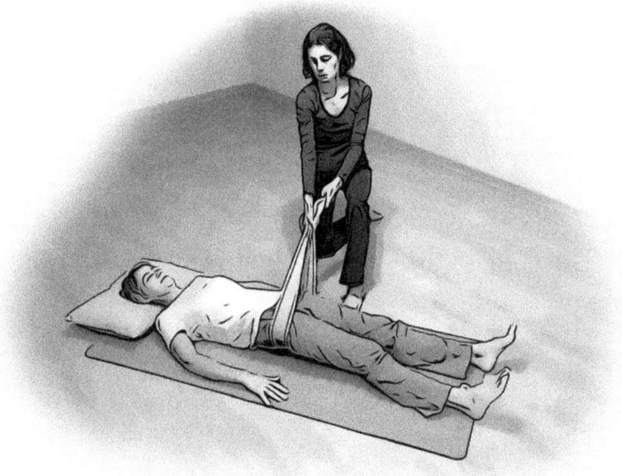

– Tapotement des PDP par un tiers, **exp. 34**

Activement

– Étirement, **exp. 2**

– Alternance étirements et repos, **exp. 3**

LIBÉRER LES DIAPHRAGMES

Passivement

– Position du trône renversé, **exp. 4**

– Contact du thorax et du sacrum par la sage-femme, **exp. 6 et 8**

– Position de la feuille pliée, **exp. 35**

Activement

– Exploration du bassin avec une BDT, **exp. 9** et **exp. 10**, ci-dessous

Cette proposition inclut les régions, abdominale, lombaire et pelvienne et peut aller jusqu'aux côtes inférieures.

– Envergure dynamique, **exp. 12**

– Contact avec le ballon paille (gonflé avec une paille) sous la nuque et dessin à partir d'un point précis, **exp. 31 et 32**

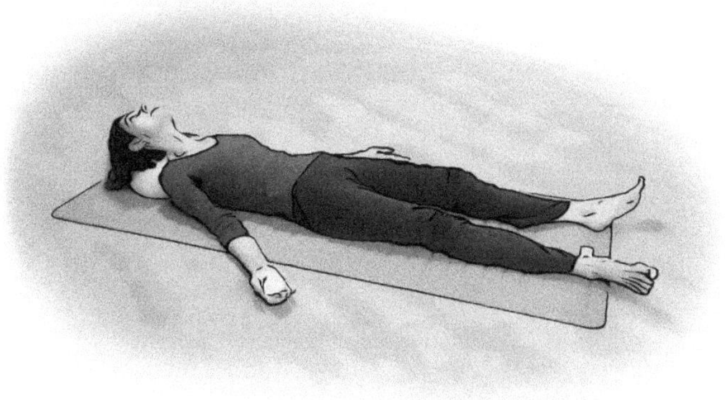

– Étirement dorsal, intercostal et lombaire, **exp. 36** (ci-dessous) et **exp. 40**

LIBÉRER L'ESPACE THORACIQUE

Passivement

– Contact du thorax par la sage-femme, **exp. 6**

Activement

– Contact du doigt d'un tiers, en position quadrupédique, **exp. 11**

– Étirement pelvien, lombaire et thoracique, **exp. 36**

– Relâchement/étirement des attaches péricardiques

Exp. 37

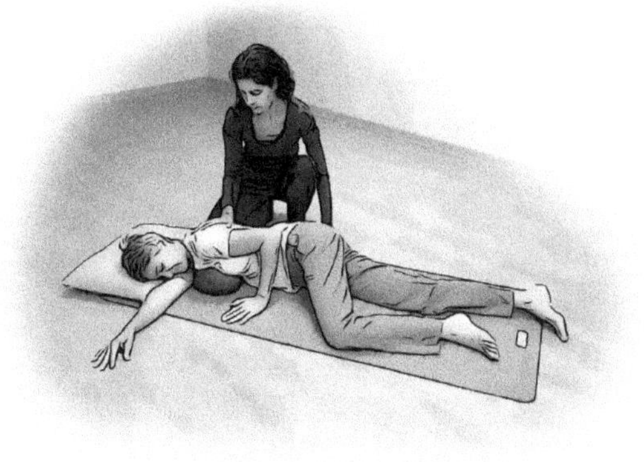

Exp. 38

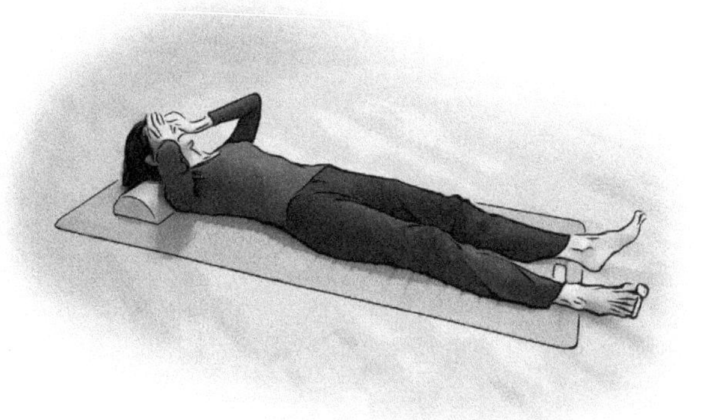

Exp. 39

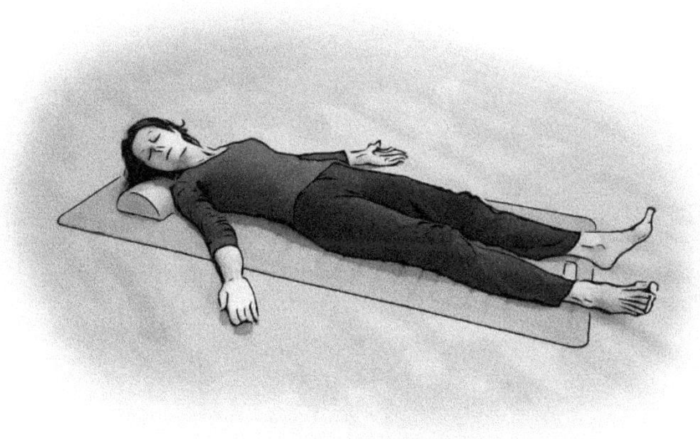

– Étirement du dos et du diaphragme par la pratique de la charrue, lorsque la souplesse de la patiente le permet, **exp. 40**

LIBÉRER LE COU, LA GORGE ET LES MÂCHOIRES

Passivement

– Contact avec un ballon paille sous la nuque, **exp. 30**

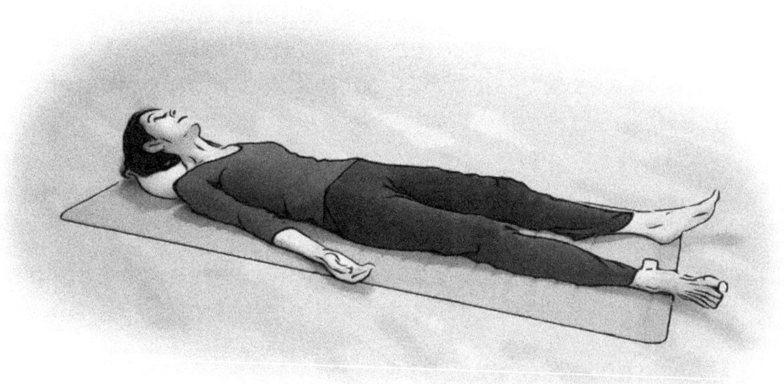

Activement

– Nuque et tête sur le ballon paille, **exp. 31 et 32**

– Relâchement en profondeur de la nuque, **exp. 37, 38, 39**

La pesanteur pelvienne

LES CAUSES ET MANIFESTATIONS

Il s'avère que la pesanteur peut avoir diverses origines, notamment urinaire, génito-urinaire, tissulaire, digestive, neurologique, et que nous ne recevons que les patientes dont le problème est du ressort de la RPP.

Un vécu de pesanteur peut provenir de constipation et de douleurs pelviennes de causes diverses, parfois difficiles à identifier. Elle peut être passagère en post-partum ou en lien avec un prolapsus, bien que non systématiquement.

Afin de pouvoir comprendre l'origine de la pesanteur et appréhender l'éventualité de troubles associés, nous interrogeons la patiente sur le niveau de sa gêne, sur ses circonstances et sa fréquence d'apparition.

LES PROPOSITIONS D'AMÉLIORATION

La façon la plus pertinente de traiter une pesanteur est de travailler d'abord en position allongée pour réduire l'effet de la gravité et favoriser une circulation plus fluide entre le bas et le haut du corps et inversement. L'objectif est que la patiente évolue vers un allègement du petit bassin, grâce à la diminution des pressions thoraco-abdomino-pelviennes, y compris en position verticale.

Passivement

- Détente par l'inventaire qui peut concerner le corps entier ou le bassin en le détaillant, ou une zone de tension particulière, en position allongée, **exp. 1**
- Position du trône renversé, **exp. 4**
- Contact avec les balles de tennis (BDT) sous le bassin, **exp. 5**
- Contact du thorax et du bassin par la sage-femme, **exp. 6 et 8**
- Mobilisation passive d'une jambe et du bassin par un tiers **exp. 29**
- Contact avec un ballon paille sous la nuque, **exp. 30**
- Tapotement des PDP par un tiers, **exp. 34**

Activement

a. En posture horizontale, périnée déchargé de la pesanteur terrestre

- Les **exp. 10 à 14** sont susceptibles d'amener une meilleure présence pelvienne donc de favoriser la perception du périnée. Les suivantes contribuent à fluidifier l'espace intérieur.
- Repoussé des PDP contre le sol, **exp. 15** (ci-dessous)

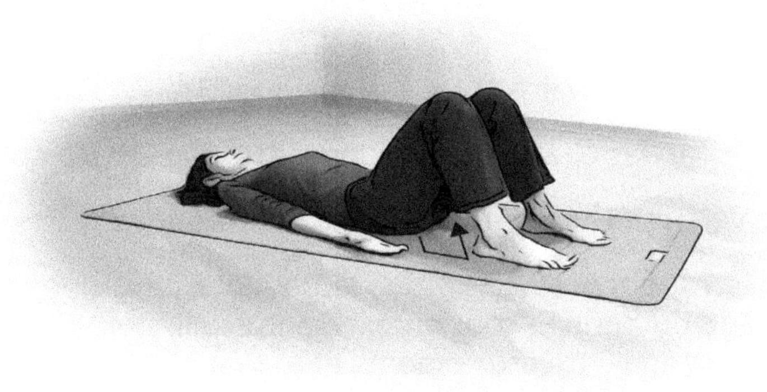

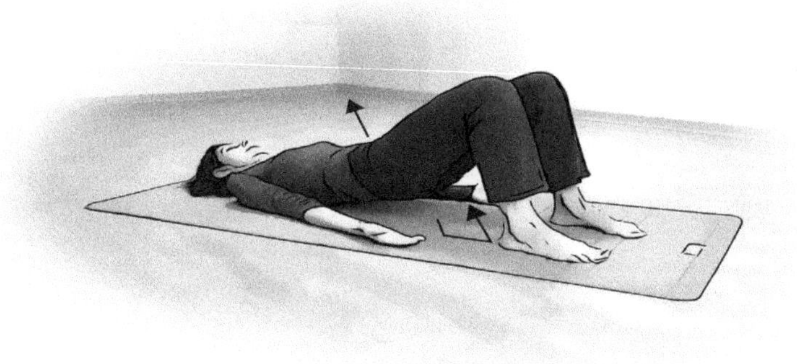

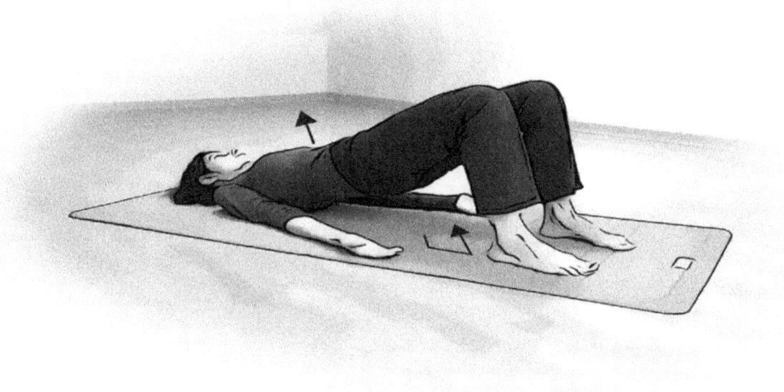

– Ballon paille installé sous la nuque et sous la tête, **exp. 31 et 32**

– Position de la feuille pliée, **exp. 35**

– Étirement pelvien, lombaire et thoracique, **exp. 36**

– Étirement des fascias et attaches du péricarde, **exp. 37, 38 et 39**

b. En posture verticale, périnée soumis à la pesanteur terrestre

– Au cours des expériences suivantes, la patiente peut découvrir l'ajustement spontané du périnée tout en exerçant et en identifiant les repères favorables à son équilibre du moment : **exp. 19 à 28, 33, 48 et 49**.

Les **exp. 25 et 48** sont illustrées ci-dessous.

Exp. 25

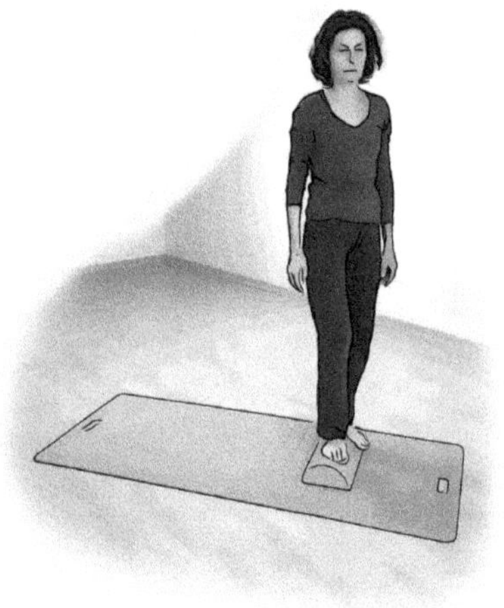

Exp. 48

L'incontinence urinaire d'effort (IUE)

LES CAUSES ET MANIFESTATIONS

Quel que soit l'âge, les fuites vésicales représentent un motif fréquent de consultation en RPP. Nous distinguons principalement les fuites à l'effort (IUE), les fuites par urgenturie (besoin urgent et irrépressible d'uriner) liées à une vessie hyperactive et, les fuites par combinaison des deux (effort et urgenturie). Notons que la fuite à l'effort survient sans le besoin de miction.

Nous aborderons l'hyperactivité vésicale à part.

Au fil de cet écrit, nous avons abordé la causalité et les circonstances de survenue de l'IUE bien que ces dernières ne soient pas exactement les mêmes chez toutes les patientes.

La plupart des IUE se résolvent avec un travail postural et intégratif qui ne peut qu'être appliqué de façon singulière, surtout si les crispations ont conduit à des compensations de type fixation ou affaiblissement de certains endroits.

D'autre part, lorsque le transport et les appuis font défaut, des contraintes peuvent s'exercer sur le bassin et le déséquilibrer. Cette situation de périnée descendant n'est pas problématique si elle est ponctuelle et modérée. Elle le devient si elle se pérennise, d'autant que les risques de fragilisation tissulaire augmentent avec l'âge, l'altération de la santé et la sédentarité.

LES PROPOSITIONS D'AMÉLIORATION

En premier lieu, il est nécessaire que la patiente repère où se situent ses tensions, dans la mesure où rien ne peut changer si elles perdurent (*cf.* 1er paragraphe du chapitre V). La deuxième étape est de les traiter afin que la patiente évolue vers un tonus plus adapté. Dans la foulée, la troisième nécessite qu'elle conscientise les nouveaux repères issus d'une organisation différente pour se les approprier. Leur nécessaire intégration fait appel à sa perspicacité et à sa vigilance au quotidien. De fait, la tonification systématique du périnée n'est pas forcément adaptée.

S'il s'applique à l'ensemble, le renforcement du tonus constitue un facteur d'amélioration, mais non la finalité de la RPP. En effet, dans une optique globale, le tonus du périnée ne peut être dissocié de celui du corps entier et il ne peut en être autrement. Dès le début du post-partum, nous invitons les jeunes mamans à marcher, à promener le bébé en poussette, à monter les escaliers, en étant présente et attentive au transport (RDR) à partir des pieds.

Dans la pratique, il arrive que certaines problématiques s'améliorent rapidement, à partir du moment où la patiente a modifié un comportement ou une pratique à l'origine du dysfonctionnement. En effet, un mouvement intérieur peut renaître après avoir cessé de verrouiller les genoux et/ou le périnée, après avoir desserré la sangle abdominale (SA) et/ou libéré la zone lombaire qui « antéversait » le bassin. Aussi paradoxal que cela puisse paraître, nous rencontrons un certain nombre de patientes chez qui les zones sphinctériennes sont dans un tel état de crispation qu'elles deviennent incapables d'empêcher les fuites.

Le point le plus délicat en RPP est de modifier une habitude ou un comportement installé depuis longtemps car elle s'accompagne de fixité tissulaire et psychologique.

Quelles sont les propositions propices au traitement de l'IUE ?

Passivement

Cf. le traitement de la pesanteur

Activement

a. Favoriser la mobilité de toutes les zones impactées par des tensions : **exp. 3**, **9 à 15**, **31**, **32**, **33**.

b. Assouplir les zones raccourcies et sujettes aux raideurs : **exp. 35 à 40**, ainsi que la zone des psoas avec l'**exp. 42**, des ischio-jambiers (IJ) et des adducteurs avec l'**exp. 43** (ci-dessous).

– Psoas

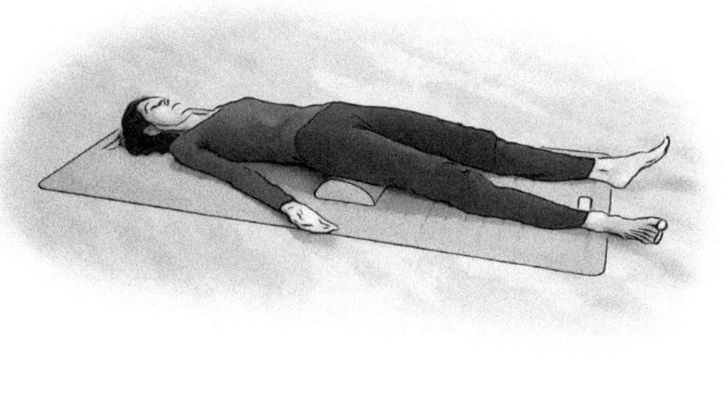

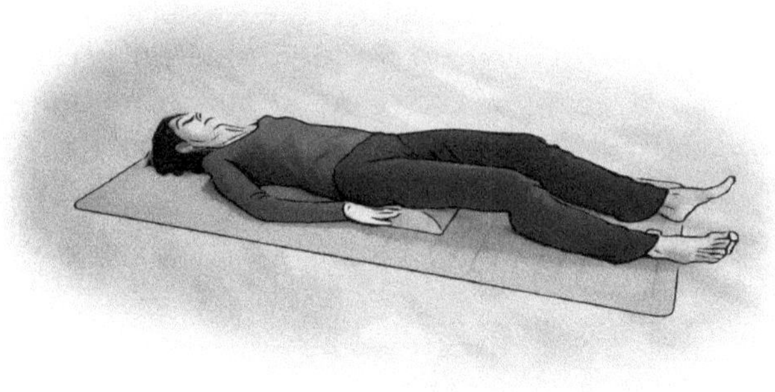

– Ischio-jambiers (IJ) et adducteurs

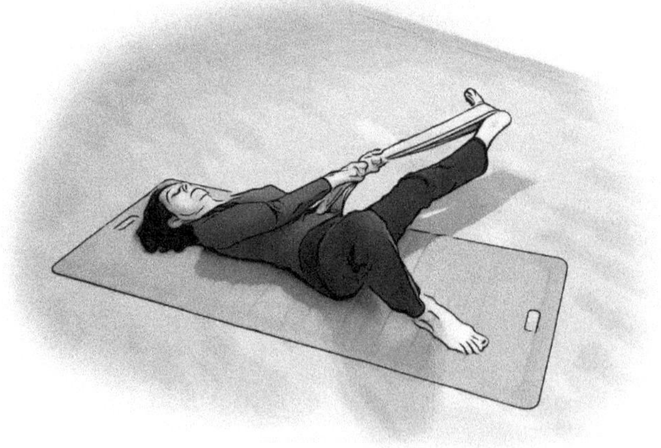

c. Intégrer la participation du périnée lors des mouvements courants du quotidien (*cf.* traitement de la pesanteur, en position horizontale), ainsi que les **exp. 19 à 21, 23 à 28 et 33**.

– L'**exp. 21** est illustrée ci-dessous :

Une variante permet de se redresser à l'aide du doigt d'un tiers qui stimule chaque vertèbre par son apophyse postérieure, comme ci-dessous :

1

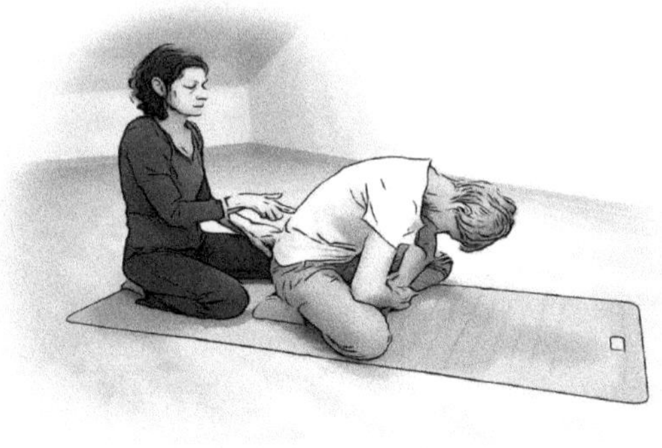

2

3

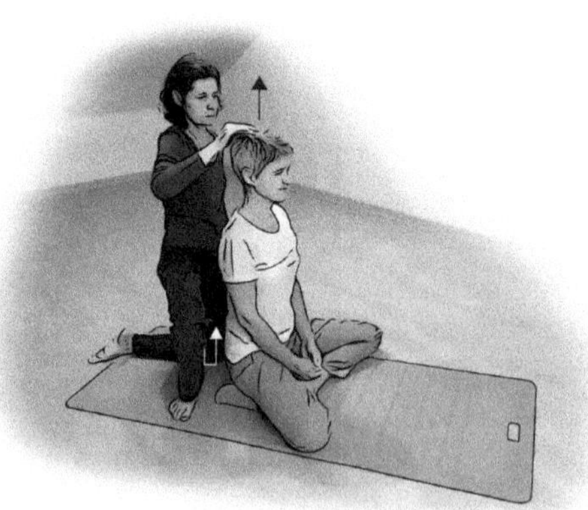

d. Apprendre à réaliser un effort sans pression.

– Renforcer le périnée au cours d'efforts de plus ou moins forte intensité, **exp. 16, 17, 22, 41, 44, 45 à 48**

– Passer de la position assise à debout, **exp. 49**

– Soulever une charge du sol, tousser, éternuer et se moucher, sans pousser

Le prolapsus

LES CAUSES ET MANIFESTATIONS

Le prolapsus ou « descente d'organe(s) » s'explique par un traumatisme unique ou récurrent exercé sur la zone pelvi-périnéale ou plus rarement, par une anomalie de la statique pelvienne due à un facteur constitutionnel. Un prolapsus résulte d'une défaillance interne qui concerne en particulier le soutien et la suspension tissulaires de(s) l'organe(s) suite à diverses circonstances possibles, la plupart dues à la maternité mais pas seulement : grossesses multiples, bébé de poids important, aide instrumentale à la naissance, pratique d'épisiotomie et de poussées démesurées sur l'utérus, déchirure importante du périnée, atteinte du nerf pudendal[94] du fait de son étirement trop intense, obésité et sédentarité, efforts excessifs avec exercice de pression dus à une constipation chronique et à des actes répétitifs à l'origine de pression sur le petit bassin.

La situation peut être ressentie par la présence d'une « boule » ou d'un « tampon » dans le vagin suite au glissement vers le bas de(s) l'organe(s) du petit bassin, généralement la vessie, l'utérus, le col de l'utérus et le rectum. Au maximum de son avancement, un prolapsus peut s'extérioriser et sortir de la vulve.

Le ressenti varie entre l'inconfort minime et important et il peut aller jusqu'à la douleur liée à la masse anormalement placée. Du fait de la pesanteur, les symptômes augmentent généralement au fil de la journée et peuvent être associés à d'autres difficultés : incontinence urinaire et anale, constipation et gêne pendant l'intimité sexuelle.

94. Le nerf pudendal est de nature mixte, motrice et sensitive, et innerve la zone inférieure du petit bassin. Il peut être responsable de douleurs pelvi-périnéales importantes.

LES PROPOSITIONS D'AMÉLIORATION

Faire remonter un prolapsus en soi est simple et à la portée de toute patiente. Ce qui l'est moins est d'installer les conditions favorables à l'évitement des pressions, malgré le déroulement d'une journée active et de ses aléas. La RPP en eutonie ne peut agir sur les lésions tissulaires existantes mais sur la gestion et l'économie des pressions, et elle améliore globalement le vécu de la patiente.

L'attention et la vigilance sont les atouts majeurs qui améliorent son confort quotidien. En effet, lorsque la gêne commence à se faire sentir dans la zone du bassin, la patiente peut y remédier en intervenant sur les trois leviers suivants.

Le premier consiste à observer les tensions et les « comportements parasites » éventuels de son corps : présence d'une gêne à un endroit ou un autre, crispation du périnée, gainage du ventre, qualité des appuis au sol, de la respiration, compatibilité entre la posture et l'activité du moment, l'emprise d'un stress ponctuel ?... La plupart de ces manifestations sont plus ou moins conscientes et peuvent être en place depuis un certain temps.

Cette rapide investigation conduit de facto à relâcher et à ouvrir l'espace pelvien, à partir du moment où la patiente est sensibilisée à ses « points faibles ». Selon l'importance du prolapsus, cette étape est insuffisante et les deux suivantes sont rendues nécessaires.

La deuxième étape consiste à chercher et à trouver la posture adaptée pour que l'organe descendu reprenne sa place. Lors d'un début de traitement, la position horizontale est la plus appropriée et elle consiste à installer le bassin en posture inversée pour sentir la remontée spontanée de(s) l'organe(s).

Pour ce faire, nous recommandons les **exp. 15**, **16**, **17** (voir ci-dessous) et l'**exp. 40** (charrue), si cette posture est possible. Cette dernière est très intéressante bien que non indispensable, et peut se proposer de façon passive, avec l'accompagnement adapté du praticien. De plus, elle étire la colonne vertébrale et surtout, elle installe la zone pelvi-périnéale en position totalement inversée, en la déchargeant de toute pression. Organes et périnée sont alors « remontés ».

La troisième phase essentielle consiste à activer la dynamique des appuis et du transport au quotidien pour soutenir la physiologie et éviter d'appuyer sur les organes. Autrement dit, c'est en pérennisant un comportement favorable à son équilibre global que la patiente peut retrouver du confort.

En pratique, nous décrivons ci-dessous les propositions bénéfiques au traitement d'un prolapsus :

Passivement

Cf. le traitement de la pesanteur.

Activement

a. Favoriser la mobilité de toutes les zones impactées par des tensions (*cf.* traitement de l'IUE – paragraphe a).

b. Assouplir les zones raccourcies et sujettes aux raideurs (*cf.* traitement de l'IUE – paragraphe b).

c. Expérimenter ce qui favorise l'allègement du petit bassin et la remontée des organes :

- En position horizontale

Le repoussé réalisé dans les expériences suivantes a pour effet de décoller le bassin et d'entraîner les organes vers le haut.

– Repoussé des PDP contre le sol, **exp. 15**

– Repoussé des pieds contre le mur, **exp. 16**

– Marche sur le mur, **exp. 17**

• En position verticale

Celle-ci permet d'expérimenter la gravité sans la gêne du prolapsus : **exp. 19**, **20**, **21**, et **23 à 28**.

Ci-dessous, l'**exp. 26** qui aide à « réinitialiser » le RDR à partir des pieds, de même que l'**exp. 21**, à partir des ischions (*cf.* pages 125 à 126).

d. Apprendre à réaliser un effort sans pression (*cf.* le traitement de l'IUE – paragraphe d).

Ajoutons dans la continuité des expériences **16 et 17**, l'**exp. 18** illustrée ci-dessous.

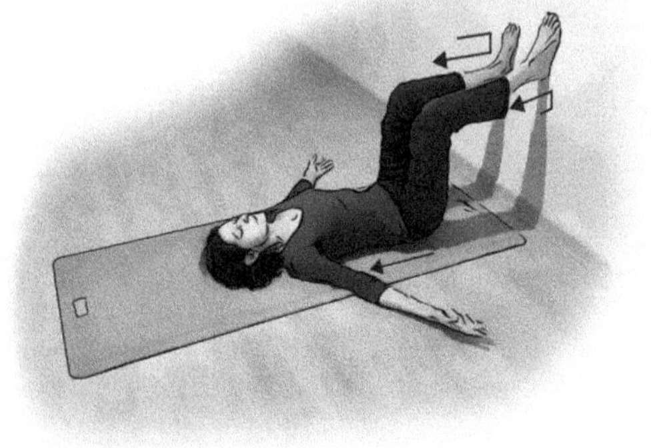

L'urgenturie ou impériosité mictionnelle liée à l'hyperactivité vésicale

LES CAUSES ET MANIFESTATIONS

L'urgenturie est définie par un besoin d'uriner impérieux et irrépressible pouvant survenir à tous les âges. La première cause à rechercher est l'infection urinaire, puisque l'urgenturie est un symptôme de l'inflammation vésicale.

Toujours est-il que l'impériosité est la manifestation d'une hyperactivité de la vessie dont la contractilité est anormale et le contrôle difficile. L'urgence mictionnelle témoigne d'une information atypique puisque l'imminence survient avant le remplissage de la vessie. Cette problématique augmente alors le nombre de mictions quotidiennes, y compris de façon répétée la nuit (nycturie).

Ce tableau peut être à l'origine de pertes urinaires involontaires jour comme nuit. Notons que l'énurésie est rare à l'âge adulte mais qu'elle peut faire partie des effets secondaires de certains traitements dont les antidépresseurs.

Mis à part certaines pathologies neurologiques, les facteurs favorisants peuvent être la grossesse, l'obésité, la constipation chronique, l'état de stress ainsi que la prise de toute substance pouvant irriter la vessie : le tabac, la caféine, l'alcool, etc.

Cette situation peut devenir socialement invalidante en raison de ses conséquences : inquiétude sur la possibilité de trouver des toilettes et d'y arriver à temps, perte de confiance en soi et dans les capacités du corps entraînant l'obligation de porter plus ou moins en permanence des protections.

LES PROPOSITIONS D'AMÉLIORATION

Typiquement, le problème survient en présence d'eau qui coule, du froid, d'une émotion forte, d'un stress soudain ou lors du syndrome de la clé dans la porte[95]. Pour la plupart des femmes, le réflexe machinal consiste en un verrouillage du périnée, qui entraîne un blocage des deux autres diaphragmes et de la SA. Or, cette pratique est non seulement vaine mais aussi contre-productive. En effet, elle a tendance à précipiter la fuite à cause des pressions que subit le muscle de la vessie et du débordement sphinctérien qui s'ensuit.

95. *Cf.* note 80.

Par conséquent, il importe de contrecarrer l'impériosité mictionnelle due à la stimulation vésicale inopportune par une stratégie propice à pallier la sensation d'urgence. L'apprentissage de ce nouveau réflexe est simple, facile d'accès et permet une réponse instantanée à partir du moment où la personne est suffisamment présente à elle-même et en confiance dans son corps. Au lieu du verrouillage de l'ensemble, nous invitons la patiente à développer l'attitude opposée par un « contact » avec le sol pour favoriser le relâchement ainsi qu'une meilleure circulation intérieure. Secondairement, nous lui proposons de repousser le sol pour provoquer un réflexe de contraction au niveau périnéal. En effet, nous avons abordé dans le chapitre IV comment repoussé et transport (RDR) peuvent stimuler une zone spécifique, en l'occurrence la zone péri-urétrale.

Éclairons la physiologie de ce mécanisme grâce aux précisions anatomiques. Nous savons en effet que le sphincter de l'urètre (conduit urinaire) se compose de deux parties, une interne issue du muscle de la vessie, sans commande volontaire, et une externe plus basse dont la commande est volontaire. Cette dernière est précisément celle qui est actionnée pour la contraction du « stop pipi ».

En pratique, cet apprentissage est bénéfique aux situations d'urgenturie, mais aussi à celles d'incontinence urinaire et de prolapsus, grâce au transport qui structure et dynamise le petit bassin.

Résumons les propositions spécifiques à l'amélioration d'une hyperactivité vésicale :

Passivement

Cf. le traitement de la pesanteur.

Activement

a. Favoriser la mobilité de toutes les zones impactées par des tensions (*cf.* traitement de l'IUE – paragraphe a).

b. Assouplir les zones raccourcies et sujettes aux raideurs (*cf.* traitement de l'IUE – paragraphe b).

c. Développer la pratique du repoussé des PDP et du RDR pour activer leurs effets au quotidien, précisément en situation d'urgence mictionnelle. En guise d'apprentissage, nous conseillons aux patientes en position debout, de repousser verticalement les pieds contre le sol et en position allongée, de les repousser horizontalement contre le mur, en particulier à partir du bord interne des PDP. Le but est de solliciter la zone du sphincter urinaire, sans crispations parasites intra-pelviennes, et ce à l'aide des expériences les plus appropriées : **exp. 15 à 18, 21, 22, 26 et 46**. Nous précisons que dans la vie courante, il est plus commode de repousser avec le bord interne des pieds plutôt que d'avoir à orienter les genoux et les orteils vers l'intérieur avant de repousser, mais que l'effet produit est le même.

d. Solliciter l'ensemble : (*cf.* traitement de l'IUE – paragraphe c).

La dysurie ou altération de la miction

DÉFINITION ET CIRCONSTANCES D'APPARITION

La dysurie se manifeste par une difficulté à évacuer le contenu vésical autant en début qu'en cours de miction. En fait, la vidange ne se produit pas normalement et des douleurs peuvent survenir, notamment en cas d'efforts pour y parvenir. En dehors d'une pathologie vasculaire ou neurologique, cette difficulté est liée à l'existence d'un obstacle à l'écoulement urinaire, type prolapsus ou d'origine infectieuse.

En marge de ce tableau, il peut arriver qu'une petite perte survienne en fin de miction et/ou au changement de position, si l'urètre n'a pu se vider entièrement, parfois à cause d'une coudure (déviation) du conduit urinaire.

LES PROPOSITIONS D'AMÉLIORATION

Dans la mesure où la dysurie est la plupart du temps une pathologie du ressort de la prise en charge médicamenteuse voire chirurgicale, le rôle de la RPP se limite aux situations fonctionnelles et sans cause médicale avérée. Sans amélioration avec les propositions de l'eutonie, le travail d'un ostéopathe peut apporter un bon complément.

Comme bon nombre de femmes ont pris l'habitude de pousser pour uriner, sans doute pour gagner du temps ou, par souci de vidange complète pour éviter le risque résiduel infectieux, la RPP leur apprend à se débarrasser de ce comportement préjudiciable. Le travail consiste essentiellement à libérer l'espace intérieur pour retrouver l'organisation et la fonctionnalité de la zone pelvi-périnéale en la déchargeant des pressions et contraintes éventuelles.

L'approche corporelle est à ajuster en fonction des sensations de la patiente et ses axes sont similaires à ceux qui sont décrits dans le traitement de l'IUE.

Béance vulvaire

DÉFINITION ET CIRCONSTANCES D'APPARITION

La béance vulvaire ou vaginale est naturelle dans le post-partum immédiat et régresse en principe spontanément au cours des mois, voire de la première année suivant la grossesse. Elle peut aussi être la conséquence d'un gros bébé, de grossesses multiples et d'une anomalie cicatricielle suite à une épisiotomie ou à une déchirure périnéale. Une RPP accélère le processus de restauration et permet aux femmes de valoriser leurs compétences corporelles.

Les motifs de consultation portent sur l'existence de gaz vaginaux et de pertes liquidiennes suite à une immersion prolongée dans l'eau (signe du bain). Certaines femmes se plaignent de ne pas pouvoir retenir le tampon hygiénique dans la cavité vaginale, que la béance soit vulvaire, fundique (profonde) ou les deux à la fois.

Bien qu'inconfortables, gênants et bruyants au moment des relations intimes et de certaines activités physiques favorisant l'entrée d'air dans la cavité vaginale, les gaz vaginaux n'ont toutefois pas d'incidence organique à long terme.

Cette béance peut s'associer à celle de l'orifice urétral et la patiente peut s'en plaindre par une déviation du jet urinaire lors de la miction « en arrosoir ». Cette anomalie rentre dans l'ordre en principe naturellement, au besoin avec le travail associé d'un ostéopathe.

Quelles que soient les manifestations de la béance et d'autant plus si elle est associée à d'autres anomalies de la statique pelvienne, l'indication de la RPP est conseillée. Les troubles de la sexualité sont loin d'être systématiques en cas de béance et les croyances à ce sujet sont à relativiser. Toujours est-il qu'une période de latence est souvent nécessaire pour oser l'intimité au décours de la grossesse et que cette dernière favorise parfois la découverte de nouvelles sensations du fait des remaniements vécus.

LES PROPOSITIONS D'AMÉLIORATION

Le but est d'assurer une meilleure étanchéité de la cavité vaginale en sollicitant la musculature péri-vaginale grâce aux plans superficiels et profonds du périnée.

Ainsi, les propositions peuvent être les mêmes que pour le traitement du prolapsus, en particulier les **exp. 15 à 18**, **40**, si cette dernière est possible pour la patiente. Étant donné que le tonus se travaille d'une manière globale et que les patientes en post-partum s'en croient parfois dépourvues, il importe qu'elles se réapproprient leur propre force par des propositions qui excluent la possibilité de pressions, en position horizontale et verticale. Dans ce but, nous recommandons les **exp. 22 à 26**, **41** (ci-dessous), et **46 à 49**, lorsque le transport est clairement perçu.

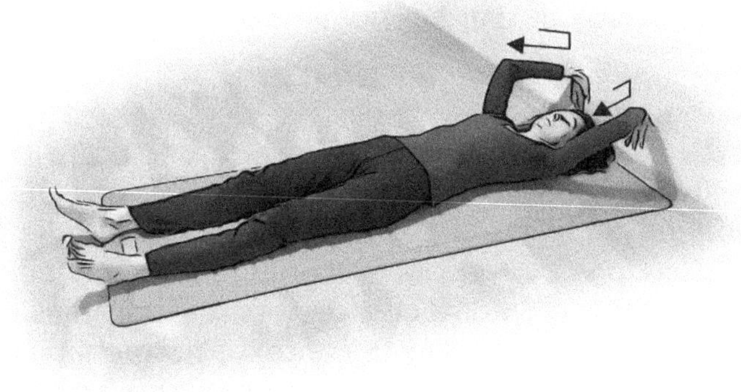

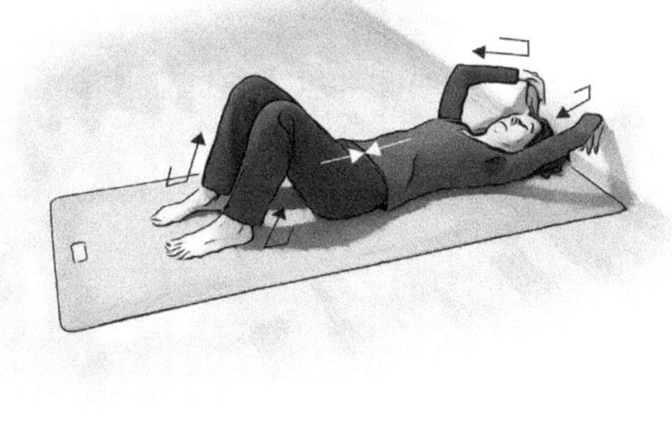

Que la béance soit marquée au niveau vulvaire ou fundique, nous activons en particulier la zone péri-vulvaire, comme pour les urgences mictionnelles, c'est-à-dire avec les genoux et orteils orientés vers l'intérieur.

Comme toujours, seule l'expérience de la patiente peut lui confirmer l'engagement des différents faisceaux réducteurs de la béance. Si malgré son attention localisée sur la zone à stimuler, la proposition indiquée manque de clarté pour elle, il est toujours possible d'en modifier les paramètres en variant les consignes, la posture, le matériel employé, ou d'y revenir un peu plus tard, car cette expérience n'arrive peut-être pas au bon moment pour elle.

Les dyspareunies et vulvodynies

DÉFINITION ET CIRCONSTANCES D'APPARITION

Ces termes regroupent les gênes et douleurs de cause variable, au niveau vulvaire pour les vulvodynies, et au moment des rapports intimes pour les dyspareunies.

Les dyspareunies surviennent lors de la pénétration vaginale et parfois dans un contexte cicatriciel d'épisiotomie voire de suture trop serrée au niveau vulvaire, tandis que les vulvodynies évoquent une douleur vulvaire localisée, provoquée par le contact, bien que sans cause clinique apparente. Ces deux manifestations peuvent être d'origine psychogène, étant donné l'étendue des peurs plus ou moins conscientes responsables de crispations du périnée, et notamment pendant le contexte hormonal du post-partum et de la ménopause, avec la possible installation d'une sécheresse vaginale voire d'une baisse de la libido.

LES PROPOSITIONS D'AMÉLIORATION

Ces troubles étant souvent associés à une certaine crispation du périnée, les propositions de l'eutonie sont pertinentes et favorisent un cheminement intérieur indispensable à leur amélioration.

Passivement

Cf. le traitement de la pesanteur

Activement

a. Libérer la respiration : *cf.* 2e paragraphe du chapitre VI.

b. Appréhender la zone pelvi-périnéale qui a pu être écartée du schéma corporel et l'intégrer fonctionnellement dans les situations de la vie quotidienne, en fonction des perceptions de la patiente (*cf.* traitement de l'IUE – paragraphe c).

L'incontinence anale

DÉFINITION ET CIRCONSTANCES D'APPARITION

L'incontinence anale (IA) se définit par une impossibilité de retenir des selles et/ou des gaz intestinaux, surtout dans des circonstances inappropriées. Elle est évidemment mal vécue, difficile à aborder et peu propice à la vie sociale. Heureusement, elle concerne plus souvent les gaz que les selles, mais n'en reste pas moins gênante et dégradante.

Elle révèle un dysfonctionnement de la zone sphinctérienne anale suite à une lésion ou à un trouble hygiéno-alimentaire avéré. C'est le cas lors d'hémorroïdes, de fistules anales, de troubles du transit et surtout des suites d'un accouchement traumatique par voie basse. En effet, l'accouchement peut endommager une partie des fibres sphinctériennes de l'anus, même de façon inaperçue, voire provoquer une lésion nerveuse à l'origine de sa commande. Si la rupture musculaire est suturée au moment de l'accouchement, elle n'entraîne en général pas de problème durable et l'IA régresse avec le temps. Mais il n'en est pas toujours ainsi et ce tableau peut perdurer longtemps après. De surcroît, l'IA peut s'associer à l'incontinence urinaire et peut générer des troubles de la vie intime.

Par ailleurs, il s'avère que certaines habitudes peuvent être délétères à long terme sur la sphère pelvienne, entre autres celle de pousser excessivement pour aller à la selle en cas de constipation, ou de différer le besoin d'y aller, soit parce que le lieu n'est pas approprié, soit par manque de temps accordé à cela. En apprenant à écouter et à respecter davantage les sensations, la RPP permet aux patientes concernées de modifier ces comportements.

LES PROPOSITIONS D'AMÉLIORATION

Outre la nécessité des soins médicaux, le but est d'assurer à la fois une meilleure intégration et un meilleur fonctionnement de la zone péri-anale par la sollicitation naturelle de sa musculature. Une attention quotidienne aux appuis et au RDR (*cf.* chapitre IV) constitue une des bases du travail et elle s'exerce par le biais des mouvements, déplacements et efforts ordinaires, notamment au cours des changements de position.

Dans ce cadre, un certain nombre d'informations sont parfois souhaitables en RPP pour expliquer comment pallier un problème récurrent de constipation. Celles-ci peuvent concerner les apports hydriques et alimentaires, les notions de régularité et de temps pour aller à la selle, l'intérêt d'une activité physique régulière, la position adaptée pour s'installer sur les toilettes[96] ainsi que l'utilisation de laxatifs qui ne devrait être qu'une solution temporaire.

Les étapes de travail sont similaires à celles utilisées pour l'IUE dans la mesure où la prise de conscience et la résolution des pressions sont des étapes préalables. Le travail de renforcement musculaire prend sa place lorsque le tonus est globalement harmonisé (*cf.* les **exp. 44 à 49**).

De plus, nous proposons de sensibiliser la patiente à la sollicitation des plans superficiels et profonds de la partie périnéale postérieure, par les **exp. 41, 46, 47**, avec les genoux et les orteils orientés vers l'extérieur, c'est-à-dire à l'inverse de la position utilisée dans le traitement de l'urgenturie (*cf.* traitement de l'urgenturie – paragraphe c).

96. *Cf.* note 57.

Chapitre VII

L'exploration corporelle de la RPP en eutonie

La RPP postnatale

En phase postnatale, nombreuses sont les femmes qui viennent en RPP sans pour autant se plaindre de difficultés particulières. Probablement, parce que le périnée a pu jouer son rôle naturel et que sa traversée par le bébé s'est réalisée dans des circonstances adaptées. Nous pouvons supposer qu'il était suffisamment prêt et souple pour pouvoir accepter la distension nécessaire, au lieu de la subir en lui résistant plus ou moins.

Si le périnée a vécu sans dommage son élasticité maximale au moment de la naissance et que ces patientes sont asymptomatiques, elles ne se sentent pas pour autant à l'aise avec leur corps ni avec leur périnée. C'est pourquoi l'idéal serait de développer la notion de globalité corporelle en cours de grossesse, non seulement pour favoriser son déroulement physiologique tout comme celui de l'accouchement, mais aussi pour constituer une prévention des séquelles éventuelles de la maternité.

Par ailleurs, l'idée circule que la naissance par césarienne ne nécessite pas de RPP, dans la mesure où le périnée n'aurait pas été sollicité par l'accouchement. Penser cela, c'est ignorer les besoins corporels du post-partum ainsi que l'ensemble des apports de la RPP, étant donné que la grossesse a eu lieu et que le besoin de retrouver un axe équilibré ainsi qu'une zone abdomino-pelvienne adaptée est le même qu'après une naissance par voie basse. C'est aussi un moment pour se débarrasser d'un sentiment d'échec voire de dévalorisation qui auraient pu s'installer du fait de la césarienne.

En réalité, les jeunes mamans viennent avant tout avec l'intention de tonifier leur corps et de reprendre leurs activités sportives sans risques pour leur périnée ni pour leur SA. En la matière, cette information se justifie, mais nous pourrions l'étendre largement en dehors du PP, dans la mesure où exercer des pressions sur le périnée est une réalité indésirable très répandue dans la vie en général.

La RPP est avant tout un moment de réunification intérieure et nous avons vu à quel point cette opportunité peut se justifier à bien des égards, même si les besoins et les réponses peuvent se singulariser. En réalité, ce moment constitue un apprentissage précieux pour le restant de la vie, et qui ne devrait être éludé sous aucun prétexte. Rappelons que la convention propre aux sages-femmes accepte maintenant la cotation de RPP du post-partum les trois années suivant l'accouchement.

Dans le but de pérenniser les bénéfices de la RPP, il serait certainement intéressant de proposer, au cours des deux premières années, quelques séances de « rappel » dont l'intérêt serait de soutenir les acquis du post-partum. Ceci est d'autant plus pertinent qu'une présence à soi favorise une meilleure communication avec les proches, et avec le nouveau-venu dont le portage nécessite de plus en plus de force au cours de la première année et au-delà.

Finalement, cette RPP trouve sa légitimité tout au long de l'existence, et nombreuses sont les femmes qui terminent la RPP enrichies au-delà de ce qu'elles espéraient.

La place de la sangle abdominale (SA) dans la RPP

L'ANATOMIE ET LA FONCTION DE LA SA

Outre la place que nous donnons à la SA dans l'esthétique de la silhouette, la paroi abdominale joue un rôle important dans l'ajustement statique et la santé du dos ainsi que dans la régulation des pressions à l'intérieur de la sphère abdomino-pelvienne. Nécessaire au fonctionnement respiratoire, elle est partenaire des trois diaphragmes (*cf.* schéma p. 42). De fait, elle dynamise les organes abdomino-pelviens, les flux respiratoire et circulatoire ainsi que l'énergie vitale.

Située en partie sur l'avant du corps, elle a une fonction naturelle de gaine grâce au muscle transverse profond qui part de la zone lombaire, ceinture la taille et vient rejoindre le transverse opposé en avant, au niveau d'une « couture » verticale, appelée ligne blanche. Par-dessus, viennent se superposer les obliques contribuant à la taille et en surface, les droits (ou grands droits) qui constituent la paroi antérieure de la SA. Brunie par la grossesse, cette fameuse ligne tissulaire permet la jonction des parties droite et gauche de la SA entre les deux droits.

Étant donné que la SA tapisse la zone lombaire, elle contribue à la stabilisation de la zone lombaire et du bassin ainsi qu'à leur mobilité. Preuve en est qu'en cours de grossesse les différents changements ont tendance à perturber cet équilibre. Alors, l'écartement de la ligne blanche pour faire de la place à l'utérus gravide est temporairement physiologique et régresse spontanément chez la plupart des femmes en post-partum.

Lorsqu'à son niveau, une fente persiste plusieurs mois après la grossesse, nous évoquons un diastasis. Celui-ci se manifeste par une disjonction antérieure des muscles de la SA et il récupère avec un travail approprié de la SA. En dehors du post-partum, un diastasis peut apparaître dans un contexte d'obésité et d'efforts excessifs de la part des abdominaux, et il doit de toute façon être surveillé pour ne pas évoluer vers une situation de hernie.

LA PHYSIOLOGIE DE LA SA

Dans la mesure où la SA travaille en association avec l'ensemble, elle est utilisée en permanence, ne serait-ce que pour respirer, parler, chanter, et même dans l'immobilité. Par conséquent, son tonus varie en fonction des activités en cours et il s'adapte à celui du corps entier. Ainsi, la nécessité de son gainage n'est pas fondée en eutonie.

En effet, la considération d'une synergie[97] musculaire dément cette croyance et ainsi, une SA hypertonique est inutile et peut nuire à l'équilibre de l'ensemble, tout comme une SA hypotonique ou trop distendue.

En post-partum, la crainte des femmes est de manquer d'abdominaux au point de les avoir « perdus ». Ils sont bien sûr toujours là mais dans un état plus élastique et plus souple et ils sont amenés à retrouver leur puissance au fil du temps. Étant solidaire du plancher périnéal, la SA est forcément sollicitée dans une RPP en eutonie puisque les deux travaillent simultanément. La pratique du chant permet d'en faire l'expérience de façon naturelle, de même que celle de la toux et de l'éternuement physiologiques. Le découvrir est indispensable puisque ces deux actions doivent se vivre sans pousser.

Par conséquent, il n'est pas nécessaire de « faire » des abdominaux en série pour tonifier la SA, dans la mesure où sa musculature est engagée naturellement dans tous les mouvements et déplacements adaptés, notamment au cours de la marche, du portage du bébé, de l'action de se baisser, de se relever, de monter les escaliers, et d'autant plus lors d'une activité sportive respectueuse de l'ensemble.

LES PROPOSITIONS DE RENFORCEMENT DE LA SA

Quelle que soit l'activité en cours, nous avons mis en évidence une répartition ajustée du tonus corporel lors d'un mouvement global et unitaire.

97. La synergie musculaire désigne un phénomène au cours duquel plusieurs zones musculaires s'engagent ensemble et simultanément pour concourir à un effet global.

Nous venons de préciser comment les opportunités de renforcer la SA sont multi-quotidiennes, ne serait-ce que lors d'une recherche d'équilibrage postural a fortiori en situation instable, comme sur le demi-rondin en bois (*cf.* les **exp. 25 et 26**).

Il n'en reste pas moins que toute pratique favorisant une poussée sur les abdominaux est à déconseiller. Le transport qui nécessite de bons appuis et une fluidité respiratoire est la clé d'une pratique abdominale sans risque. Les patientes peuvent l'expérimenter aisément en position horizontale avec l'**exp. 41**, **44** (ci-dessous) **et 46** (1e partie), et en position verticale, avec les **exp. 22**, **45**, **46** (2 et 3e partie), **et 49**.

LES PROPOSITIONS D'AMÉLIORATION EN CAS DE DIASTASIS

L'engagement de la musculature profonde et superficielle de la SA contribue au rapprochement des muscles droits, comme avec les **exp. 45, 46 et 47** (illustrées ci-dessous). La distance entre les pieds et le mur permet de « transporter » la force entre l'une ou les deux PDP et l'une ou les deux mains et inversement. Les forces circulent en direction verticale et diagonale en engageant plus ou moins les différentes zones de la SA, comme celles de l'ensemble.

Exp. 45

Exp. 46 (1)

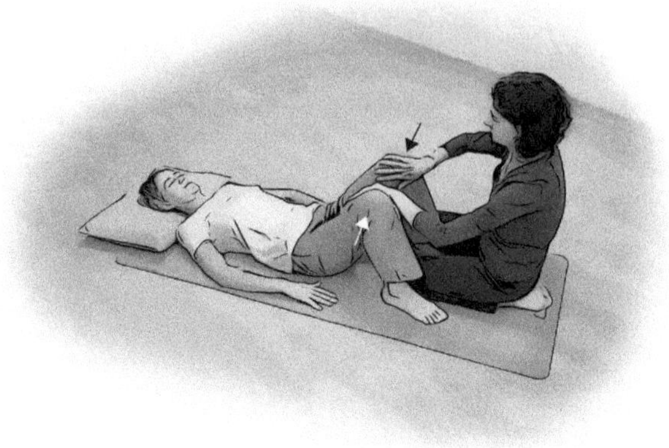

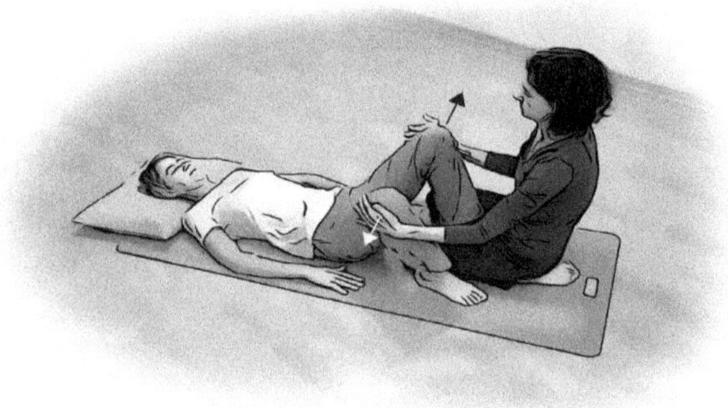

Exp. 46 (2)

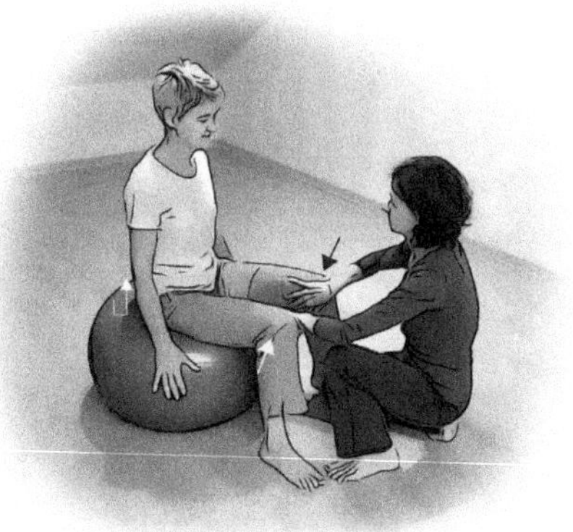

Exp. 46 (3)

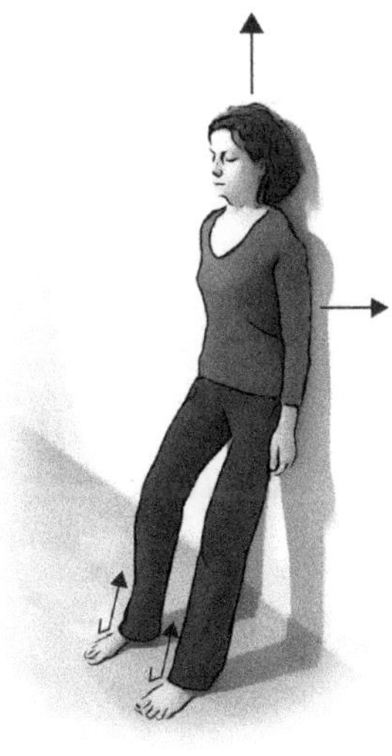

Exp. 47

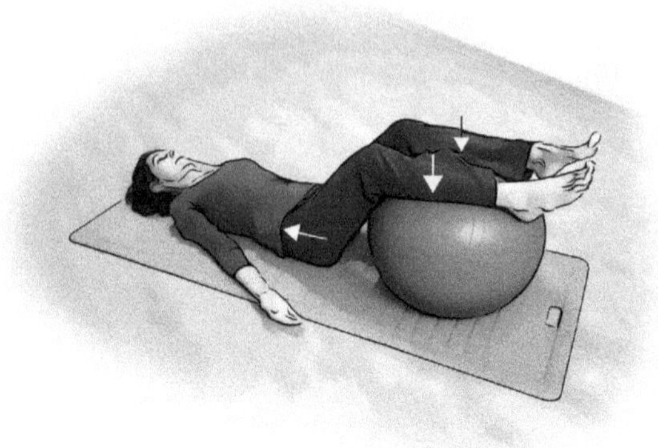

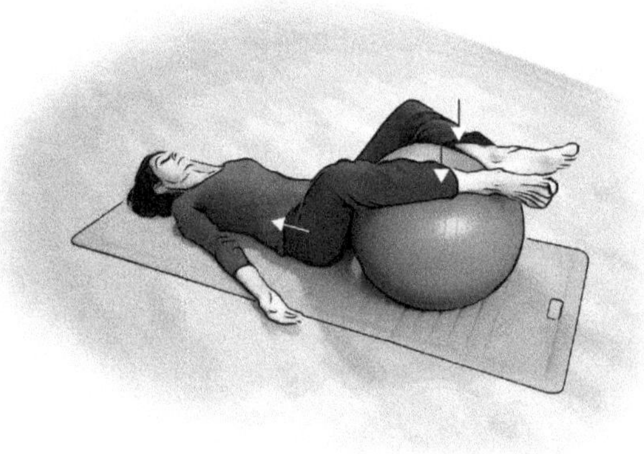

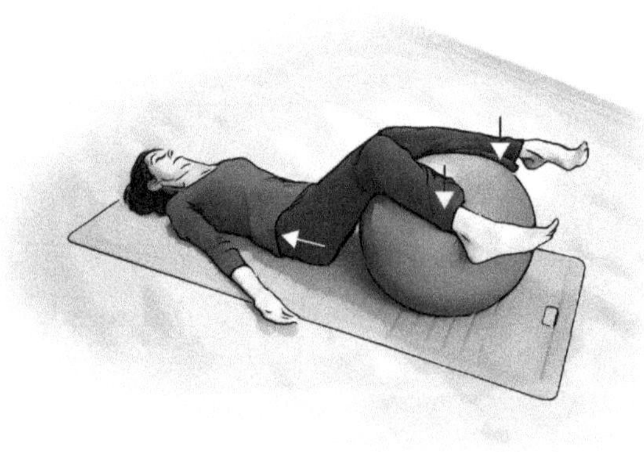

Tonifier le corps ?

La tendance actuelle est de prôner une culture de la « forme » et de s'exercer musculairement dans ce but. La motivation esthétique, la lutte contre la sédentarité et le stress ainsi que le besoin de se défouler en constituent des fondements pertinents. En outre, le souci sanitaire de solliciter l'organisme et ses fonctions vitales est d'autant plus légitime que le mouvement est salutaire à un bon nombre de douleurs musculo-squelettiques.

Mais lorsqu'une pratique se transforme en compulsion et/ou en addiction, elle peut déconnecter le corps de son potentiel, et on peut se demander si elle est aussi saine et bénéfique.

Selon le mode de fonctionnement d'une personne et le tonus mis en action, une même activité peut occasionner une plus ou moins grande dépense physique. Ainsi, une randonnée à toute allure et sans contact avec l'extérieur ne demande pas le même effort qu'une randonnée au gré de son rythme, du terrain et de l'environnement.

Même si les deux options ont leur raison d'être, elles visent deux finalités distinctes. La distance qui les sépare équivaut à celle que nous avons décrite à propos de l'approche locale et de l'approche globale du périnée (*cf.* chapitre II). L'une vise une performance physique, l'autre une harmonisation intérieure.

Les professeurs d'activités physiques et sportives ainsi que les danseurs devenus eutonistes peuvent témoigner de la différence. Au fond, le point de divergence porte sur la finalité du corps. Apprendre à l'observer comme un outil sensible ainsi que le propose GA correspond à un changement de paradigme et nous ramène à la notion d'unité fonctionnelle de l'ensemble corps-esprit. C'est pourquoi « faire » un mouvement et « être » en mouvement n'apportent certainement pas la même expérience ni le même travail musculaire.

En post-partum, nous insistons sur la nécessité que les jeunes mamans acceptent leur corps avant de vouloir le muscler à tout prix, d'autant plus que l'enjeu de le solliciter sans dommage est au cœur de nos priorités. La RPP en eutonie est de fait un moment opportun pour approfondir la relation que chaque jeune maman retrouve avec lui.

La RPP en eutonie permet d'expérimenter l'affirmation de GA : « L'eutonie est un état d'équilibre qui consiste à avoir toutes les parties de son corps à un degré de tension musculaire optimale en rapport avec l'action que le sujet se propose de faire, tout en étant capable d'observer l'action en cours. Ceci nécessite l'unité du corps et le contact avec le milieu environnant »[98].

98. Ouvr. cité note 36.

La RPP jusqu'en fin de vie

La RPP en phase de ménopause prend en compte les spécificités de la démarche décrite dans cet ouvrage et beaucoup de femmes de cette tranche d'âge y adhèrent, dans la mesure où leurs attentes et exigences corporelles sont généralement plus pondérées que ce qu'elles ont pu être auparavant. Les capacités physiques des personnes du troisième voire du quatrième âge étant parfois diminuées, les expériences douces et respectueuses sont tout à fait adaptées à leurs possibilités motrices et sensitives.

Pour certaines d'entre elles, la RPP en eutonie peut même être une occasion de récupérer une aisance pour se déplacer, en ménageant leurs efforts et leur fatigue. Plus encore qu'une patiente plus jeune, elles apprécient le respect de leur intimité et l'absence de contraintes.

Une majeure partie des exercices peut se pratiquer en position assise sur une chaise pour les personnes qui ne peuvent s'allonger au sol. Grâce à l'étendue du champ d'action en RPP, le travail global est ainsi réalisable puisque les principes de l'eutonie s'appliquent à toute posture. Fournissant un prétexte à leur mobilité, les propositions ludiques sont bienvenues, notamment les pratiques à base de « dessins » (*cf.* paragraphe sur le mouvement et sur le prolongement du chapitre IV).

Avant tout, ces patientes ont besoin de sentir que se mouvoir peut être plaisant et non une source de douleurs. Même chez celles dont les raideurs installées les privent de souplesse, il est essentiel qu'elles « s'installent » dans leur bassin avec plus de proximité et de confort. Malgré ces restrictions tissulaires et articulaires, le transport des pieds à la tête reste accessible et aussi salutaire pour faire lâcher des pressions.

Entre autres, une des expériences indispensables à leur quotidien est de leur apprendre à quitter la position assise et à se redresser sans pousser sur la SA, tout en étant la plus économique possible (*cf.* **exp. 49** illustrée ci-dessous).

Selon leur sensibilité et leur degré de mobilité, le matériel peut lui aussi s'adapter en termes de forme, de volume, de consistance et de situation pour chaque exploration. Néanmoins, il est primordial de personnaliser les propositions et de se caler sur le rythme et l'évolution de ces patientes, dans la mesure où l'observation intérieure est parfois encore plus inédite pour elles. Manquant parfois totalement de présence à leur schéma corporel, nous avançons de façon méthodique pour réunir les pieds aux MI, les pieds au bassin et les pieds à la partie supérieure, via le bassin. Cette exploration demande du temps et de la précision pour améliorer la fluidité et les symptômes présents.

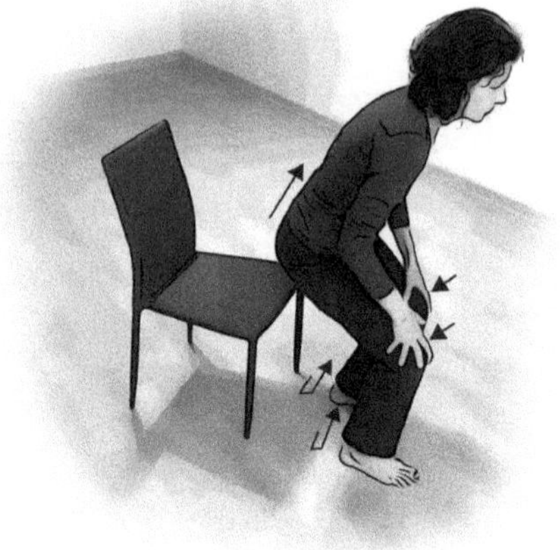

Les propositions concrètes décrites

EXP. 1 – DÉTENTE PAR L'INVENTAIRE

La pratique de l'inventaire consiste à s'installer dans une position propice à la détente, sans bouger si possible, entre 5 et 10 minutes, en mettant son attention et son observation dans une direction précisée par le praticien : le corps entier, une zone précise, les sensations et le trajet de la respiration, etc.
En début de traitement, la position horizontale est à privilégier.

EXP. 2 – ÉTIREMENT

Les étirements se pratiquent de façon « instinctive » et sont souvent propices à un début d'harmonisation tonique. Ils se réalisent à partir des besoins du corps et non d'une décision cérébrale.
En début de traitement, les étirements en position horizontale sont à privilégier.
Ils favorisent entre autres le bâillement et le soupir qui sont des préludes au relâchement diaphragmatique.

EXP. 3 – ALTERNANCE ÉTIREMENTS ET REPOS

La patiente est étendue sur le dos, les bras dans le prolongement du corps, et s'étire à partir de l'extrémité des doigts et des orteils, deux à trois fois de suite pour chacune des séquences suivantes : chaque bras et jambe séparément, puis les deux bras ensemble, les deux jambes ensemble, les deux diagonales reliant bras et jambes, et les quatre membres simultanément.
Au cours de chaque séquence, le praticien invite la patiente à observer jusqu'où se répercute l'étirement, si une zone est systématiquement impliquée et si une zone de croisement se met en évidence lors de l'étirement partant simultanément du haut et du bas.

EXP. 4 – POSITION DU TRÔNE RENVERSÉ – *cf. page 89*

La patiente est sur le dos et dépose ses mollets sur le gros ballon (GB) ou sur une chaise en s'installant dans ses appuis pour réduire le tonus à son minimum.

EXP. 5 – CONTACT AVEC DEUX BALLES DE TENNIS (BDT) SOUS LE BASSIN – *cf. page 90*

La patiente est allongée, jambes au sol ou légèrement surélevées sous les genoux si besoin, en cas de zone lombaire douloureuse. Avec une BDT sous chaque ischion, le praticien lui propose un inventaire des sensations.
Il est intéressant de placer les BDT à d'autres endroits.

EXP. 6 – CONTACT DU THORAX PAR LE PRATICIEN

Réalisé par le praticien avec une approche « sensible », ce travail thérapeutique consiste à toucher la paroi thoracique de la patiente, grâce à une légère pression digitale en maintenant le doigt quelques instants sur chaque point. Le trajet part du

sternum, longe les clavicules et contourne le bord inférieur du grill costal d'avant en arrière, pour chaque côté l'un après l'autre.
Rappel : l'autorisation de la patiente est requise pour toutes les propositions où son corps est touché.

EXP. 7 – MODELAGE DU CORPS PAR UN TIERS – *cf. page 110*

Le praticien déplace un ballon en mousse sur les zones accessibles du corps de la patiente, confortablement installée sur le côté, excepté sur son visage et ses seins. Le ballon est utilisé pour rouler, « pétrir » et relier les différentes zones corporelles avec une force et une pression à moduler, en fonction des différents tissus.
Le tiers se met en contact avec la patiente et se déplace autour d'elle. L'exploration se pratique alternativement sur chaque moitié du corps.

EXP. 8 – CONTACT DU SACRUM PAR LA SAGE-FEMME

Réalisé par le praticien de la même façon que l'exp. 6, ce travail thérapeutique consiste à toucher, par points successifs, les contours du bassin de la patiente, un côté après l'autre.
Le trajet part de l'ischion, longe le bord externe du sacrum et va jusqu'à l'épine iliaque antérosupérieure pour chaque côté.

EXP. 9 – TAPOTEMENT DU BASSIN AVEC UNE BDT – *cf. page 93*

Allongée confortablement sur le côté, la patiente tapote doucement les parois osseuses de l'hémi-bassin supérieur avec une BDT. Après un temps de retour et d'observation sur le dos, elle stimule de la même manière l'autre moitié du bassin et revient sur le dos.

EXP. 10 – EXPLORATION DU BASSIN AVEC UNE BDT – *cf. page 112*

Ici, la patiente fait rouler la BDT sur chaque hémi-bassin pour explorer la peau, les tissus sous la peau, les organes, grâce à un ajustement de la pression sur la BDT.
Cette stimulation inclut les régions pelvienne, diaphragmatique, abdominale et lombaire jusqu'aux côtes basses.

EXP. 11 – CONTACT DU DOIGT D'UN TIERS, EN POSITION QUADRUPÉDIQUE – *cf. page 114*

En position quatre pattes, la patiente choisit ponctuellement soit de repousser, soit de fuir le doigt du praticien qui se déplace sur l'ensemble de la paroi thoracique.

EXP. 12 – ENVERGURE DYNAMIQUE – *cf. page 93*

La patiente est allongée sur le côté et fléchit le genou supérieur qu'elle dépose sur le sol, sans le laisser se décoller. De fait, elle se trouve en position de torsion, tandis que l'autre jambe reste dans le prolongement du torse. Elle dessine dans l'espace environnant avec l'extrémité des doigts de la main du même côté que la jambe fléchie, tout en suivant ses doigts du regard. Après un temps de retour et d'observation sur le dos, elle réalise la même expérience de l'autre côté.

EXP. 13 – MOBILISATION DU BASSIN DANS LES TROIS PLANS ANATOMIQUES – *cf. page 92*

La patiente est allongée sur le dos, les bras de chaque côté du corps et elle explore séparément les trois plans de l'espace en observant la mobilité du bassin.
Sagittal : elle fléchit les genoux et exerce une pression des pieds contre le sol à plusieurs reprises.
Frontal : elle étire le talon d'un membre inférieur (MI) en cherchant à l'éloigner du bassin, et alterne l'étirement d'un côté à l'autre.
Horizontal : elle fléchit les genoux et les rapproche de la poitrine. Elle les entraîne ensemble dans un mouvement d'essuie-glace d'un côté vers l'autre.

EXP. 14 – DESSIN À PARTIR DE LA POINTE DU SACRUM – *cf. page 94*

La patiente est en position quatre pattes, appuyée en particulier sur ses genoux et ses mains, voire sur ses avant-bras pour plus de confort. Elle dessine à partir de la pointe du sacrum en associant les trois plans décrits précédemment.

EXP. 15 – REPOUSSÉ DES PLANTES DE PIEDS (PDP) CONTRE LE SOL – *cf. page 119*

La patiente est sur le dos, les genoux fléchis, les bras de chaque côté et les pieds à plat sur le sol, écartés de la largeur du bassin. Elle repousse verticalement les PDP contre le sol avec une intensité et une durée variables. Elle alterne temps d'action et de repos, à sa guise, et elle prête attention à sa respiration pour la libérer autant que possible.
L'indication de la direction et du sens de repoussé détermine le travail réalisé et ses effets.

EXP. 16 – REPOUSSÉ DES PIEDS CONTRE LE MUR – *cf. page 129*

La patiente est allongée sur le dos, les paumes de main en appui de chaque côté, le bassin proche du mur et les membres inférieurs (MI) sont plus ou moins fléchis contre le mur. Elle repousse une des PDP contre le mur, tout en ressentant l'impact du repoussé dans la jambe, dans le bassin et jusqu'au dos. Elle varie l'intensité et la durée du repoussé en déplaçant le pied à divers endroits du mur. Elle fait la même recherche avec l'autre pied et avec les deux simultanément.
Alors, elle modifie la position des pieds et des genoux, soit genoux et orteils vers l'intérieur, soit l'inverse, genoux et orteils vers l'extérieur. Elle accueille les sensations des zones antérieure et postérieure du périnée.

EXP. 17 – MARCHE SUR LE MUR – *cf. page 130*

Dans la même position que l'expérience précédente, la patiente déplace les pieds sur le plan du mur en faisant varier la position des pieds et des genoux ainsi que l'intensité des appuis. Elle enregistre les réponses intérieures, particulièrement au niveau de l'espace pelvien, et jusqu'aux deux autres diaphragmes.
Lors du retour au sol, elle observe les sensations du petit bassin et ses modifications éventuelles.

EXP. 18 – LA FUSÉE OU RETOUR DES JAMBES EN POSITION ALLONGÉE – *cf. page 132*

Ce travail est une continuité du précédent. Les genoux encore en flexion et le bassin très près du mur, elle repousse fermement le mur avec les deux pieds simultanément. Elle constate le glissement de son corps et du tapis, ensemble et vers l'arrière. Elle observe alors la force qui circule des pieds à la tête.

EXP. 19 – EXPLORATION EN POSITION ASSISE SUR UNE BÛCHE

La patiente est assise à califourchon sur la partie arrondie de la bûche, déposée sur le sol ou sur une chaise, selon le confort de la zone lombaire et des hanches. Elle dessine à partir d'un ischion puis de l'autre.

EXP. 20 – POSITION ASSISE SUR UN GB (POSITION DU TRÔNE) OU SUR UNE CHAISE

La patiente est assise sur un GB ou sur une chaise, attentionnée à ses appuis, pieds et ischions. À défaut, le bassin et le dos peuvent rester crispés et empêcher le tonus de s'adapter.

EXP. 21 – REDRESSEMENT DU BUSTE EN POSITION ASSISE SUR UN SUPPORT FERME – *cf. page 125 et 126*

La patiente s'assoit sur une bûche posée sur le sol, si sa souplesse le lui permet, ou sur une chaise ferme.
Elle fléchit le buste à partir des hanches et enroule le dos et la tête vers le sol. À partir de là, en déroulant une à une chaque vertèbre, elle se redresse de bas en haut grâce au repoussé dynamique des ischions contre la surface présente.
L'expérience peut aussi se réaliser sur une surface ferme et les appuis peuvent s'ajuster entre la zone antérieure et la zone postérieure des ischions.
Variante : elle peut être guidée par le praticien qui stimule chaque vertèbre du bas vers le haut.

EXP. 22 – RÉSISTANCE CONTRE POUSSÉE EN POSITION DU TRÔNE – *cf. page 91*

La patiente assise sur le GB résiste aux forces de poussée exercées sur le GB par le praticien. Elle cherche à garder sa stabilité grâce à l'ancrage procuré par ses appuis et la force engagée. Nous l'interpellons sur l'importance de respirer le plus librement possible.
Cet exercice est très intéressant en tant que diagnostic en début de traitement, mais aussi en tant qu'indicateur d'évaluation et d'évolution pour la sage-femme comme pour la patiente.

EXP. 23 – STATION DEBOUT AVEC UNE BDT OU UN PETIT BÂTON SOUS LES PDP – *cf. page 61*

En position debout, les BDT ou le bâton (bambou pas trop épais) sont placés sous les PDP à trois endroits différents : sous les talons, sous les voûtes, sous l'avant-pied. Dans chaque station, la patiente observe l'organisation statique du corps, les ajustements nécessités, le confort, les différences, etc.
Lors du retour sur le sol, elle prend conscience des informations qui apparaissent spontanément et qui lui permettent de sentir en quoi la posture a changé.

EXP. 24 – MARCHE SUR LES BDT – *cf. page 62*

La patiente se déplace avec une BDT sous chaque pied et dans une des trois positions décrites précédemment. Elle expérimente la marche avec ces trois variantes.

EXP. 25 – ÉQUILIBRE ET DÉPLACEMENT SUR LA BÛCHE – *cf. page 120*

La patiente exerce son équilibre en piétinant et en tournant sur la face arrondie d'un demi-rondin de bois placé sur le sol.
Elle retourne la bûche, s'installe sur sa face plate et exerce son aptitude à l'équilibre malgré l'instabilité permanente.

EXP. 26 REPOUSSÉ VERTICAL SUR LA BÛCHE – *cf. page 131*

La patiente repousse la face ronde de la bûche avec un pied, tout en se déplaçant sur sa longueur, vers l'avant et vers l'arrière. Après un temps de retour et d'observation au sol, elle change de pied.

EXP. 27 – TRANSFERT DU POIDS DU CORPS D'UN PIED SUR L'AUTRE – *cf. page 98*

Les pieds écartés de la largeur du bassin, la patiente transfère le poids de son corps alternativement d'un pied sur l'autre en gardant le contact avec le sol.
Elle observe les ajustements intérieurs liés au changement d'appui, notamment au niveau de la zone pelvi-périnéale.

EXP. 28 – MARCHE CONSCIENTE

La patiente se déplace et observe comment chaque pied prend contact avec le sol, comment et jusqu'où le transport se manifeste dans le corps, et notamment ses effets sur la zone pelvi-périnéale.

EXP. 29 – MOBILISATION PASSIVE DE LA PATIENTE : DES JAMBES, DU BASSIN, DU THORAX ET DE LA NUQUE – *cf. page 77 et 111*

Le praticien installe une sangle ou écharpe de portage sous le mollet, puis sous la cuisse de la même jambe, l'une après l'autre, puis sous le bassin à la hauteur des ischions de la patiente. Ainsi il tracte et déplace ces différents segments légèrement et délicatement au-dessus du sol et dans différentes directions. Il peut procéder de la même façon au niveau thoracique et cervical, grâce au contact avec la patiente. Pour la zone cervicale, la sangle se place sous l'occiput.
Attention à sa propre posture pour porter sans risques et sans pousser sur le périnée !

EXP. 30 – CONTACT AVEC UN BALLON PAILLE (QUI SE GONFLE AVEC UNE PAILLE) SOUS L'OCCIPUT– *cf. page 117*

Étendue sur le dos confortablement et le ballon paille intercalé entre le sol et la base du crâne, la patiente écarte les bras sur le côté avec les paumes de main tournées vers le plafond.
Si la zone lombaire est douloureuse, le praticien lui propose un GB ou une chaise sous les mollets, comme en trône renversé.

EXP. 31 – CONTACT AVEC UN BALLON PAILLE SOUS LA TÊTE ET DESSIN À PARTIR DU NEZ – *cf. page 113*

Étendue sur le dos confortablement et la tête posée sur un ballon paille, la patiente dessine à partir de la pointe du nez dans une petite amplitude, en veillant à desserrer les mâchoires.

EXP. 32 – MOBILISATION DES MUSCLES SCALÈNES ET SCOM (*cf.* notes 82 et 83) – *cf. page 113*

La patiente est allongée, la nuque sur un ballon paille et elle dessine à partir du sommet de la tête ou de la pointe du menton, en veillant à desserrer les mâchoires.

EXP. 33 – EXPLORATION DU DOS ET DU THORAX AVEC UN BALLON ROULANT CONTRE LE MUR – *cf. page 98*

Debout, la patiente explore la surface du dos, ou des parois thoraciques à l'aide d'un ballon souple placé entre elle et le mur.

EXP. 34 – TAPOTEMENT DES PDP PAR UN TIERS

Le praticien s'installe du côté des pieds de la patiente, confortablement étendue sur le dos, et percute doucement une de ses PDP. Il peut tapoter avec son poignet, l'extrémité de ses doigts, une autre partie de sa main ou avec une BDT. Avant de tapoter le second pied, il laisse la patiente accueillir ses sensations.

EXP. 35 – POSITION DE LA FEUILLE PLIÉE – *cf. page 112*

La patiente est assise sur les talons, fléchit le buste en avant et dépose son front au sol. Elle peut allonger les bras au-dessus de la tête ou les installer le long du corps.
Cette posture étire en douceur le diaphragme, par le biais de la zone lombaire, et peut favoriser une respiration postérieure, jusqu'à la zone pelvi-périnéale.

EXP. 36 – ÉTIREMENT PELVIEN, LOMBAIRE ET THORACIQUE – *cf. page 113*

La patiente est étendue sur le dos, les bras en position de croix, paumes de mains vers le plafond, et ramène les deux genoux groupés vers la poitrine. Elle les laisse descendre en direction du sol, grâce à la pesanteur et vers le coude dans la mesure du possible, tandis que la tête se tourne vers la direction opposée.
Elle reste attentive à sa respiration en particulier pour lâcher les zones qui résistent à l'étirement.

EXP. 37 – ÉTIREMENT DES FASCIAS ET ATTACHES DU PÉRICARDE – *cf. page 115*

Le praticien est installé aux côtés de la patiente qui est allongée de 3/4 sur le côté. Un ballon paille est intercalé entre le sol et son sternum afin que la mobilité du sternum soit empêchée lors des mouvements respiratoires. Le praticien invite la patiente à respirer sous sa main, tout en la déplaçant sur la paroi postérieure de son hémithorax supérieur. Après un retour et une observation d'elle-même sur le dos, elle change de côté.

EXP. 38 – PALMING – *cf. page 115*

La patiente est allongée et dépose la nuque sur la face ronde d'une bûche, tout en aménageant son confort. Après avoir recouvert les yeux de ses mains en coquille pour assurer l'obscurité dans le but d'une meilleure détente musculaire, elle les ouvre et déplace ses globes oculaires dans toutes les directions, sans déplacer la tête.

EXP. 39 – ROTATION DE LA TÊTE SUR LA BÛCHE – *cf. page 115*

Dans la même position que précédemment et avec le minimum d'engagement nécessaire, la patiente laisse rouler la tête d'un côté, revient vers le centre puis la laisse aller de l'autre côté. Elle choisit son rythme pour favoriser la libération des crispations éventuelles.

EXP. 40 – POSITION DE LA CHARRUE – *cf. page 116*

Une fois le bassin proche d'une paroi verticale, la patiente repousse fortement le mur avec un pied et laisse se renverser son corps en direction de sa tête pour se retrouver les pieds de part et d'autre de la tête.
Cette posture est très intéressante notamment pour l'étirement qu'elle procure au niveau du dos et des diaphragmes ainsi que pour l'installation du bassin en position inversée. Elle demande une préparation minutieuse pour que le tonus s'ajuste, notamment au niveau lombaire, ainsi que l'appui d'une PDP contre le mur pour faciliter le départ et le retour de la posture.
Attention à décharger les cervicales en prenant appui sur les omoplates.

EXP. 41 – EXPLORATION DE LA FORCE HORIZONTALE – *cf. page 137*

La patiente est allongée sur le dos, les genoux fléchis, les bras dans le prolongement du buste et la tête proche d'une paroi verticale. De façon simultanée et avec une puissance variable, elle repousse le sol avec les PDP et le mur avec les paumes des mains.
Variante : Elle peut repousser le sol à partir du bord interne des PDP.

EXP. 42 – ÉTIREMENT DES PSOAS – *cf. page 123 et 124*

En position allongée sur le dos, la patiente est installée sur la bûche posée transversalement entre le sol et les ischions. Les jambes sont étendues pour maintenir l'extension des hanches.

EXP. 43 – ÉTIREMENT DES ISCHIO-JAMBIERS (IJ) ET DES ADDUCTEURS – *cf. page 124*

Avec une sangle de tapissier, la patiente est en position allongée, une jambe fléchie et la PDP au sol. Le pied de l'autre jambe est enlacé par la sangle dont les deux brins sont tenus entre les mains. Le genou de ce MI est maintenu en extension pour constituer un point fixe. En variant les directions et les degrés de flexion compatibles avec sa hanche, la patiente déplace le MI et assouplit les faisceaux cités. Elle réalise ensuite le même travail avec l'autre MI, après un temps de retour et d'observation au sol.

EXP. 44 – DESSIN AVEC LES MI – *cf. page 144*

La patiente est allongée sur le dos et place un ballon paille sous le sacrum. Elle rapproche les deux genoux fléchis vers la poitrine. Elle dessine successivement à partir des segments osseux d'un MI : les orteils, le talon et le genou, tandis que l'autre MI reste au repos. Elle dessine ensuite avec l'autre MI puis avec les deux simultanément, en les dissociant si possible.

EXP. 45 – REPOUSSÉ DES PAUMES DE MAINS CONTRE UN MUR – *cf. page 145*

En position verticale face au mur ou de biais, la patiente s'exerce à repousser le mur avec une ou les deux paumes de mains placées à la hauteur des épaules. Grâce aux appuis des pieds, elle maintient l'alignement de son corps et les coudes tendus, sans raideur.

EXP. 46 – RENFORCEMENT DU PÉRINÉE ET DE LA SA, GRÂCE AU TRANSPORT – *cf. page 146 et 147*

- Allongée sur le dos et les PDP posées au sol, la patiente résiste aux appuis des mains d'un tiers, placées à l'extérieur puis à l'intérieur de ses genoux. Ceux-ci peuvent varier leurs positions : genoux et orteils parallèles, genoux et orteils vers l'intérieur ou genoux et orteils vers l'extérieur
- Idem en position du trône, avec l'aide du transport et des appuis.
- Debout, le dos appuyé contre le mur, la patiente repousse le sol avec les PDP, en les plaçant dans trois positions différentes : pieds et jambes parallèles, écartés de la largeur du bassin, ou genoux et orteils vers l'extérieur ou genoux et orteils vers l'intérieur.

EXP. 47 – JEU DE LA SYMPHYSE PUBIENNE (SP) – *cf. page 148*

Allongée sur le dos en position du trône renversé, la patiente rapproche la SP du nombril. Elle peut en même temps faire varier l'espace entre ses genoux, comme décrit dans l'expérience précédente.

EXP. 48 – JEUX À DEUX SUR LA BÛCHE – *cf. page 120 et 121*

- Chacun debout en équilibre sur la face plate de la bûche et à une certaine distance l'un de l'autre, le jeu consiste à se lancer un ballon ou une BDT, voire deux BDT en même temps.
- Les deux bûches proches l'une de l'autre, l'échange consiste à quitter sa propre bûche pour rejoindre celle de son partenaire, en se mettant en contact avec lui.

EXP. 49 – PASSER DE LA POSITION ASSISE À DEBOUT – *cf. page 151 et 152*

D'autant plus chez une personne âgée, le changement de position peut être problématique. Il est facilité par le fait de s'asseoir sur l'avant de la chaise, de pencher le buste vers l'avant et de placer les mains sur les cuisses. La patiente repousse alors fermement le sol avec les deux PDP pour s'élever et redresser son corps, si besoin à l'aide des mains poussant contre les cuisses.

Conclusion

En cette fin de lecture, j'espère vous avoir fait voyager avec intérêt à l'intérieur de vous-même. J'aimerais avoir soulevé une curiosité sur le mouvement de la vie qui circule en vous et autour de vous, ainsi que sur votre relation à l'environnement.

Il m'a paru opportun d'aborder comment et pourquoi le périnée est malmené, par méconnaissance et par manque d'attention. Si les femmes pouvaient changer leurs croyances et surtout leurs craintes à son sujet, elles se sentiraient moins exposées qu'elles ne se l'imaginent, et elles se laisseraient moins influencer par les « évaluations extérieures ». Le périnée a surtout besoin de respirer et de retrouver sa liberté !

En réalité, le périnée épouse l'évolution ontogénétique individuelle avec une extrême fidélité. Rien de l'histoire passée et présente n'échappe à son fonctionnement, et ses manifestations fluctuent avec le tempérament et ses aléas, de la même manière qu'un baromètre fluctue avec les variations de la pression atmosphérique.

Secrètement protégé des regards extérieurs, le périnée n'a pas besoin d'être exhibé pour être évalué. Au fond d'elle-même, une femme sait que la rencontre de sa vulnérabilité, de sa puissance et de sa sensibilité est une façon de prendre soin de son périnée et de se réconcilier avec lui, si nécessaire. J'aurai gagné mon pari si vous refermez ce livre en réalisant qu'il participe librement à votre quotidien. C'est ainsi qu'il répondra naturellement à vos besoins et à vos attentes légitimes.

Généralement, il s'avère que l'acceptation de ses faiblesses amène à la révélation de ses forces, dans la mesure où se confronter à un symptôme et chercher à le résoudre amène à évoluer intérieurement. L'humaniste Albert Einstein le souligne avec conviction : « Aucun problème ne peut être résolu sans changer le niveau de conscience qui l'a engendré ».

Ainsi, s'intéresser aux maux du périnée et se débarrasser de certaines pressions contribuent à un mieux-être. C'est reconnaître que le corps est un réservoir de forces vitales et créatrices, en même temps que l'incarnation de tout ce qui peut faire obstacle à la vie.

Je voudrais remercier toutes les femmes qui m'ont permis de constater à quel point cheminer en eutonie conduit à une vision plus unifiée de soi et de son existence. Grâce à toutes celles qui ont jalonné mon parcours de sage-femme, je peux témoigner combien cette pratique contribue lentement mais sûrement à la restauration d'une cohérence charnelle et spirituelle. C'est ainsi que la démarche apparemment « personnelle » peut guider vers une recherche « impersonnelle ».

En ce début de troisième millénaire où les questions sociales, environnementales, sanitaires, économiques, politiques et philosophiques jaillissent massivement, une vision holistique peut leur donner du sens et permettre d'appréhender autrement les événements indésirables. Elle peut générer une plus grande conscience de soi et contribuer à l'accroissement de la conscience humaine.

Face aux défis actuels, la résistance aux changements fait partie d'un processus évolutif, à l'échelle de l'histoire humaine. Les conditionnements et les identifications nécessitent du temps pour lâcher prise. Le bon sens d'Albert Einstein nous rappelle d'ailleurs notre position en la matière avec cet aphorisme : « La folie, c'est se comporter de la même manière et s'attendre à un résultat différent ».

En admettant qu'une lecture suscite une piste de recherche, une voie de connaissance encore en friche, une aide à préciser une sensation naissante, ou une question qui fait sens en soi, voici celle qui est au cœur du sujet : La guérison est-elle possible sans un minimum de participation personnelle, et plus globalement, sans une approche causale du symptôme et/ou de la maladie ?

Ce débat est certainement au cœur de ce qui pour l'instant sépare la vision holistique et la vision conventionnelle de la médecine !

Il s'avère que la démarche thérapeutique de l'eutonie favorise une implication dans la gestion de sa santé et une autonomie pour la préserver. Elle œuvre vers une prévention et une activation des forces de guérison, pour peu d'y contribuer avec détermination, persévérance et confiance.

De fait, en participant à une approche de santé durable, l'holisme peut s'inscrire dans une politique de développement solidaire et durable[99]. Un thérapeute eutoniste soutient cette hypothèse lorsqu'il initie le patient à une auto-éducation.

Je partage l'affirmation de ceux qui prétendent que l'être humain est créateur de sa vie et qu'il lui revient de cheminer et de s'engager dans ce but. Fanchon Pradalier-Roy, spécialiste en sciences de l'éducation nous propose

99. Apparue pour la première fois en 1987, la notion de développement durable s'applique à « *un développement qui répond aux besoins du présent sans compromettre la capacité des générations futures de répondre aux leurs propres* », selon la définition donnée dans le rapport de la Commission mondiale sur l'environnement et le développement de l'Organisation des Nations Unies.

sa vision : « L'homme s'éduque et se modifie en fonction de ce qu'il vit et surtout en fonction de ses choix et de ses intentionnalités »[100].

Si la pratique de l'eutonie est encore confidentielle dans le secteur de la santé, j'ai l'espoir qu'elle s'étende progressivement à la formation des soignants et au bénéfice des soignés. Dans le contexte actuel de crise du milieu médical, elle nous invite à réfléchir sur les raisons de l'insatisfaction du personnel soignant tout comme de celle des usagers de soins, les responsabilités étant toujours partagées.

Enfin, à l'heure où les médecines douces et notamment l'homéopathie se voient décriées par certains praticiens allopathiques, rappelons que selon Platon, « La médecine est un Art fondé sur un savoir et non un ensemble de recettes ».

Quelle que soit la motivation initiale, prendre soin du corps pour une meilleure santé du périnée ou prendre soin du périnée pour une meilleure santé du corps, l'eutonie pourvoit à l'une comme à l'autre et guide celui ou celle qui est prêt(e) à emprunter sa voie !

100. Fanchon Pradalier-Roy, *L'Univers de l'homme*, Éditions du Rocher, 2000.

Abréviations

BDT : balle de tennis.

CMP : connaissance et maîtrise du périnée, technique manuelle de rééducation pelvi-périnéale (RPP).

CS : ceinture scapulaire.

CV : cordes vocales.

DP : diaphragme pelvien.

DR : diaphragme respiratoire.

GA : Gerda Alexander.

GB : Gros ballon.

HAS : Haute Autorité de santé.

IA : incontinence anale.

IRM : imagerie par résonance magnétique.

IUE : incontinence urinaire d'effort.

MAC : médecines alternatives et complémentaires (acupuncture, la mésothérapie et l'ostéopathie, selon l'OMS ou organisation mondiale de la santé).

MI : membres inférieurs.

MLC : méthode de libération des cuirasses.

PDP : plantes de pieds.

PNP : préparation à la naissance et à la parentalité.

PP : post-partum.

RDR : réflexe de redressement.

RPP : rééducation pelvi-périnéale.

SA *: Sangle abdominale.*

SCOM : sterno-cleïdo-occipito-mastoïdien (muscle situé à la partie antérieure et latérale du cou).

SNA : système nerveux végétatif ou autonome.

SP : Symphyse pubienne.

Bibliographie

ALEXANDER Gerda, *Le corps retrouvé par l'Eutonie*, Éditions Tchou, 1977.

ALEXANDER Gerda, *L'Eutonie, Un chemin de développement personnel par le corps*, Éditions Tchou, 1996.

AUTRET Alain, *Les effets Placebo, des relations entre croyances et médecines*, l'Harmattan, 2013.

BERTHOZ Alain, *Le sens du mouvement*, Éditions Odile Jacob, 1997.

CHAUTEMPS Christine, *L'Eutonie, une préparation à la naissance autrement*, Éditions Amyris, 2017.

DELAGE Jessie, *Entretiens de Talloire sur l'eutonie, avec Gerda Alexander*, Éditions Jessie Delage, 2018.

DOUCÉ Francine, *Rééducation du périnée selon l'eutonie de Gerda Alexander*, Éditions Ardhome, 2010.

EINSTEIN Albert, *Comment je vois le monde*, Flammarion 1988.

FLÈCHE Christian, *Mon corps pour me guérir, décodage psychobiologique des maladies*, Éditions Le Souffle D'Or, 2002.

FORDHAM Frieda, *Introduction à la psychologie de Jung*, Payot, 1979.

FORMIS Barbara, *Esthétique de la vie ordinaire*, Éditeur PUF, 2010.

DE GASQUET Bernadette de, *Libérez vos intestins ! La méthode pour prévenir et traiter la constipation*, Poche Marabout, 2016.

DE GASQUET Bernadette, *Périnée, arrêtez le massacre ! ; comment prévenir et réparer les erreurs*, Marabout, 2020e.

GAUMONT Marcel, *Du corps à l'âme. Eutonie et psychologie analytique*, Éditions Le Loup de Gouttière, 1996.

GOSLING Z.A., DIXON Z.S., *et al.*, *A comparative study of the human external sphincter and urethral levator ani muscles*, Br. J. Urol., 1981.

GRAF DÜRCKHEIM Karlfried, *Hara, Centre vital de l'homme*, Éditions le Courrier du livre, 1994.

GUINAND Marie Claire, *L'eutonie de Gerda Alexander à la lumière de la psychologie de C. G. Jung*, mémoire de diplôme pour l'école Gerda Alexander, 1969.

HAECKEL Ernst, *Generelle Morphologie der Organismen*, Berlin, G. Reimer, 1866.

JUNG Carl Gustav, *L'homme et la découverte de son âme – Structure et fonctionnement de l'inconscient*, Collect. Petite Bibliothèque Payot n° 53, 1966.

KJELLRUP Marian, *Vivre en harmonie avec son corps par l'eutonie*, Éditions Dangles, 2002.

LOWEN Alexander, *La Bio-Energie*, Éditions Tchou-Laffont, 1976, traduction de Bioenergetics 1975.

Merleau-Ponty Maurice, *La prose du monde*, Gallimard, 1969.
Paillard Thierry, *Posture et équilibration humaines*, collection Postures, équilibre et mouvement, Éditions de Boeck Supérieur, 2016.
Pauly Olivier, *Posture et coordination*, Éditions De Boeck supérieur, 2019.
Pautrat Bernard, *Éthique partie II de Baruch Spinoza* (traduction), Éditions Seuil, collection « Point essais », 1988.
Petit Lysiane, *L'Eutonie et la rééducation postnatale*, Bourg en Bresse, 2007.
Pradalier-Roy Fanchon, *L'Univers de l'homme*, Éditions du Rocher, 2000.
Romain Treffel, *L'union du corps et de l'esprit selon Spinoza*, https://1000-idees-de-culture-generale.fr/union-corps-esprit-spinoza/
Sarfati Mathilde, mémoire de fin d'études de sage-femme à l'école de Nice, *La pratique de l'eutonie par les sages-femmes : Un enrichissement professionnel et personnel*, 2015.
Shusterman Richard, *Conscience du corps, pour une soma-esthétique*, Éditions de l'Éclat, Paris, 2007.
Teuber H. L., cité par J. Paillard et J. Massion, *Comportement moteur et activités nerveuses programmées*, Colloque CNRS n° 226, 1974.

sepec numérique
Impression & brochage - France
Numéro d'impression : N19995220401 - Achevé d'imprimer : mai 2022
IMPRIM'VERT®
PEFC 10-31-3532 / Certifié PEFC / Ce produit est issu de forêts gérées durablement et de sources contrôlées. / pefc-france.org